국가공인 한자급수자격검정대비

추천 도서

대한검정회

漢字

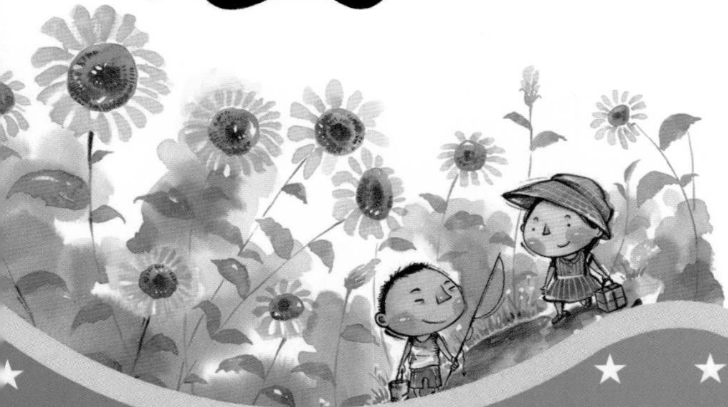

漢字급수자격 6급

6급

- 가장 빠른 한자자격취득 지침서
- 6급 100%합격 프로그램
- 실전대비 예상문제 10회 수록

| 집　필 | 이권재
| 편　집 | 김성화 최고호
| 디자인·삽화 | 윤지민 나현순 주승인

| 초판발행 | 2009년 01월 15일
| 17쇄 인쇄 | 2024년 09월 15일
| 발행인 | 서순길
| 발행처 | 한출판
| 등　록 | 05-01-0218
| 전　화 | 02-762-4950

ISBN : 978-89-88976-48-7

목차

이 책은 초학자(初學者)의 한자 학습을 보다 효과적으로 이끌어 내기 위해 다양한 문제 풀이로 유아들이 자연스럽게 한자를 익히게 한 것입니다.

이 책은 학교 및 학원, 한문서당, 유치원, 어린이집 등에서 한자교육에 입문하는 초학자의 漢字입문서(入門書)로 보다 쉽고 재미있게 흥미를 갖고 체계적인 학습이 이루어 질 수 있도록 학습자(學習者)의 편의와 지도자(指導者)의 요구수준을 가장 적합하고 효과적으로 충족시킬 수 있도록 구성되었습니다.

이 책을 활용하기 앞서 다음의 내용을 숙지하시면 보다 체계적이고 효과적으로 단계별 프로그램식 한자학습(漢字學習)이 이루어지리라 사료됩니다.

이 책은 첫째마당 본문 학습편, 둘째마당 응용편, 셋째마당 예상문제편을 수록하여 단계별 영역에 따라 구성하였습니다.

본문 학습편 (本文 學習篇)

첫째마당 본문 학습편은 1)읽기 과정 2)본문 학습과정 3)사자성어 학습과정으로 체계적이고 과학적인 한자학습 프로그램이 이루어질 수 있도록 구성하였습니다.

1) 읽기 과정

국가공인 대한검정회 선정한자(選定漢字) 70字(6급)를 바탕으로 실생활에서 많이 쓰이는 낱말을 한자어로 만들어 본문 학습에 따른 예습과 복습을 위해 읽기과정을 구성하였습니다.

2) 본문 학습과정

(1) 한자 훈음 및 부수와 연상그림 영역에서는 한자에 따른 훈음, 부수, 총획, 영문을 漢字옥편 형식으로 수록하였고, 그림을 통해 연상학습을 할 수 있도록 하였습니다.

(2) 한자쓰기 영역에서는 기존의 획일화된 필순(筆順)에서 탈피하여 현장감을 가미, 획기적이고 실용적으로 글자 한 획 한 획을 직접 화살표 방향으로 써가며 필순을 익힐 수 있도록 하였고, 바른 글씨 쓰기와 글씨 교정을 위해 서예에서 적용하는 "米"(쌀미)자 방식의 습자란(習字欄)을 수록하였습니다.

(3) 한자의 유래와 활용낱말 영역에서는 한자의 유래에 의한 자원학습과 낱말을 국어사전을 참조하여 수록하여 한자와 우리말을 자연스럽게 학습할 수 있도록 하였습니다.

(4) 단원별 확인학습 영역에서는 본문에서 학습한 내용을 다양한 문제를 통하여 문제해결 능력을 배양하고 학습능력을 평가하도록 하였습니다.

3) 사자성어 학습과정

사자성어를 연상그림과 함께 쓰면서 익힐 수 있도록 하였으며 성어풀이와 활용 예문을 수록하였습니다.

응용편 (應用篇)

1) 표제훈음 영역 본문에서 학습한 한자(70字)를 국가공인 기관인 대한검정회에서 채택한 표제훈음으로 정리하여 예습·복습할 수 있도록 하였습니다.

2) 부수 영역 한자의 뜻을 모아 자전을 만들 경우 찾아보기 쉽게 배열하기 위하여 수많은 한자의 형태를 분석하여 서로 공통되는 부분이 있는 글자들끼리 모은 것을 부수(部首)라 하는데 자전의 부수 나열 순으로 각 부수에 해당되는 한자들을 정리·수록하여 한자의 부수를 이해하게 하였습니다.

3) 반의자 영역 글자의 뜻이 서로 반대되거나 상대적인 뜻을 갖는 한자를 수록하여 학습하게 함으로써 우리말의 반대·상대적인 개념을 자연스럽게 이해할 수 있도록 하였습니다.

4) 유의자 영역 글자의 뜻이 서로 비슷한 뜻을 갖는 한자를 수록하여 학습하게 함으로써 우리말의 비슷하거나 유사한 개념을 자연스럽게 이해할 수 있도록 하였습니다.

5) 두음법칙자 영역 우리말에서 첫소리의 'ㄹ'과 'ㄴ'이 각각 'ㄴ'과 'ㅇ'으로 발음되는 것을 두음법칙이라 하는데 이에 해당하는 한자를 수록하여 한글 맞춤법을 보다 효과적으로 자연스럽게 학습할 수 있도록 하였습니다.

6) 이음동자 영역 한 글자가 여러 가지의 훈음을 갖는 한자를 수록하여 학습하게 함으로써 우리말의 정확한 발음을 유도하도록 하였습니다.

7) 활음조 영역 발음하기가 어렵고 듣기 거슬리는 소리에 어떤 소리를 더하거나 바꾸어, 발음하기가 쉽고 부드러운 소리로 되는 음운 현상을 학습하게 함으로써 우리말의 정확한 발음을 유도하도록 하였습니다.

8) 반의어 영역 우리말의 낱말 중 서로 반대되거나 상대적인 뜻을 나타내는 한자어를 정리·수록하여 반대되는 개념을 이해할 뿐만 아니라 언어의 표현능력을 향상시킬 수 있도록 하였습니다.

9) 유의어 영역 우리말의 낱말 중 서로 비슷한 뜻을 나타내는 한자어를 정리·수록하여 비슷한 개념을 이해할 뿐만 아니라 언어의 표현능력을 향상시킬 수 있도록 하였습니다.

10) 한자어사전 영역 본문에서 학습한 한자(70字) 범위 내에서 일상생활에서 많이 사용되어지고 있는 낱말을 수록하여 학습자에게는 낱말의 활용능력을, 지도교사에게는 많은 예문으로 사용할 수 있도록 하였습니다.

예상문제편 (豫想問題篇)

국가공인 대한검정회 시행 한자급수자격검정시험 및 전국한문실력경시대회 에서 시험문제로 출제될 수 있는 예상문제 10회 분량을 모범답안과 함께 수록하여 학습자들의 학습능력 정도를 파악하고, 한자자격시험을 통해 한자자격증을 취득할 수 있도록 하였을 뿐만 아니라, 전국한문실력경시대회의 수험서로 활용할 수 있도록 하였습니다.

한자의 기원설(起源說)

한자는 원래 문(文)과 자(字)라는 이름으로 생성된 것이며, 언제부터 창제된 것인지는 정확히 말할 수 없습니다. 다만 고대 임금인 복희씨(伏犧氏)가 최초로 서계(書契)를 만들어 주역(周易)의 근거를 마련하였다고 전하며, 그 후 황제 (黃帝)의 신하였던 창힐(蒼頡)이 새 발자국을 보고 새의 종류를 구별할 수 있었던 데서 처음으로 문자(文字)를 만들게 되었다고 합니다.

모든 고대문자의 근원이 그러하듯이 한자(漢字)도 그림에서부터 출발하여 오늘날의 정형화된 문자로 발전하게 된 것입니다.

한자의 3요소 (모양[形]·소리[音]·뜻[義])

한자는 글자마다 고유한 모양[形(형)]·소리[音(음)]·뜻[義(의)]의 3요소를 갖추고 있습니다. 따라서 한자를 공부할 때에는 이들 3요소를 한 덩어리로 동시에 익혀야 합니다.

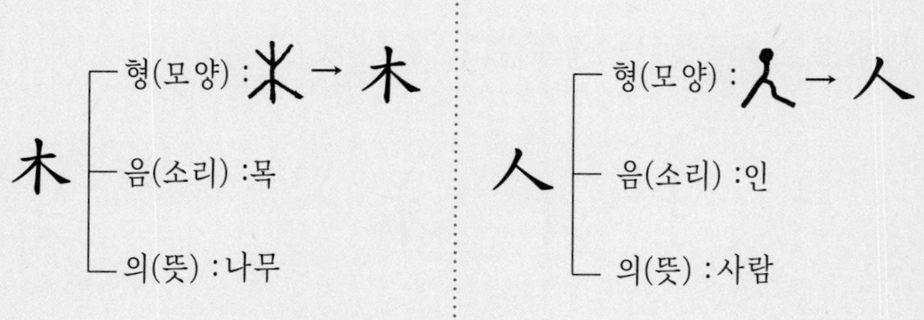

한자의 필순(筆順)

(1) 필순의 정의 : 글자를 쓸 때 획을 긋는 순서를 '필순'이라 한다.
(2) 필순의 원칙 : 한자를 짜임새 있고 편리하게 쓰기 위해 합리적인 순서를 정한 것이며, 개인·국가·서체에 따라 달라지는 경우가 있다. 우리나라에서 일반적으로 적용되는 필순의 원칙을 몇 가지로 정리하면 다음과 같다.

1 위에서 아래로 쓴다.

2 왼쪽에서 오른쪽으로 쓴다.

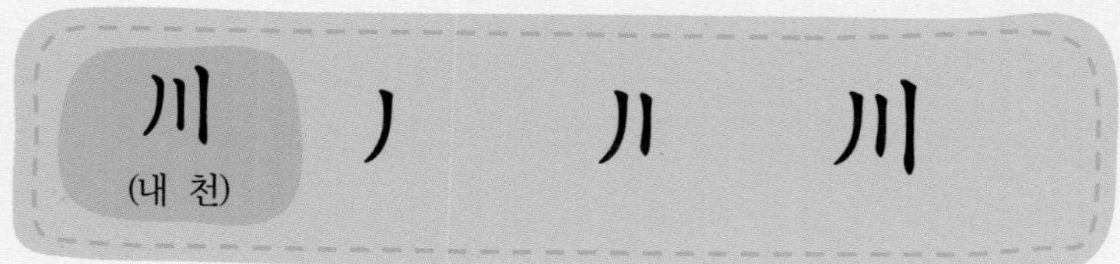

3 가로획을 먼저 쓰고, 세로획은 나중에 쓴다.

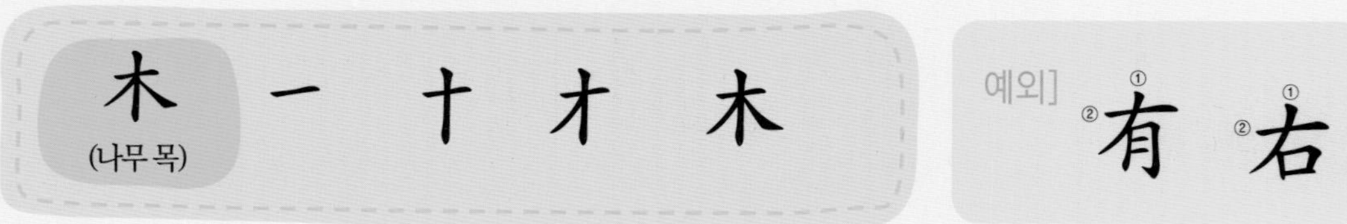

4 좌우 대칭을 이루는 글자는 가운데를 먼저 쓰고 왼쪽, 오른쪽 순서로 쓴다.

5 글자 전체를 세로로 꿰뚫는 획은 맨 나중에 쓴다.

6 글자 전체를 가로로 꿰뚫는 획은 맨 나중에 쓴다.

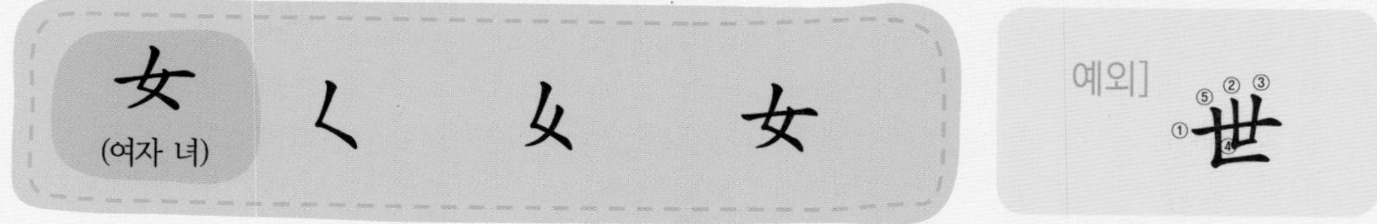

7 몸과 안으로 된 글자는 몸을 먼저 쓴다.

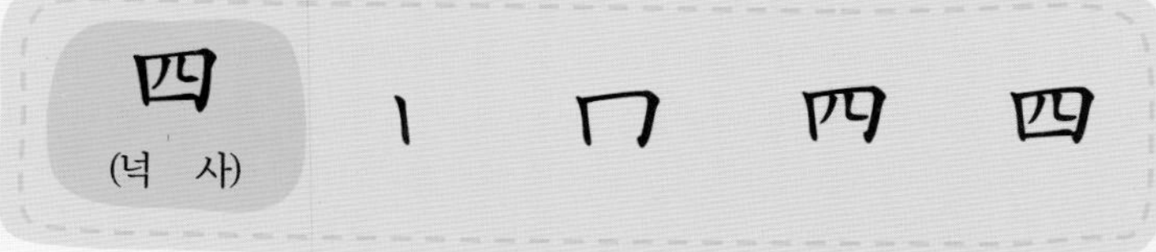

8 삐침과 파임이 만날 경우에는 삐침을 먼저 쓴다.

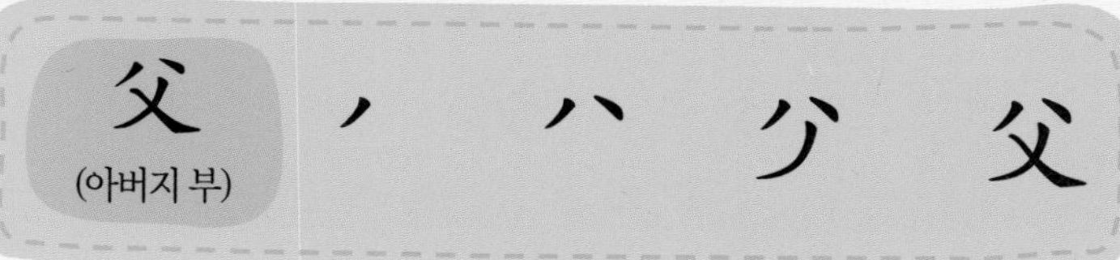

9 받침으로 쓰이는 글자 중 '走'나 '是'는 먼저 쓴다.

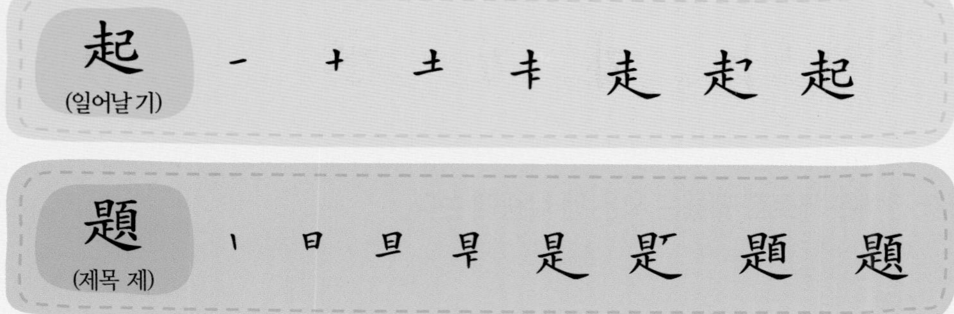

10 받침으로 쓰이는 글자 중 '辶' 이나 '廴'은 맨 나중에 쓴다.

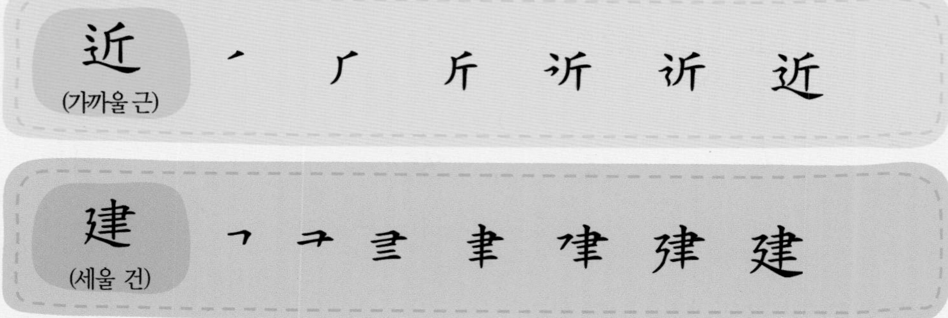

11 오른쪽 위의 점은 맨 나중에 쓴다.

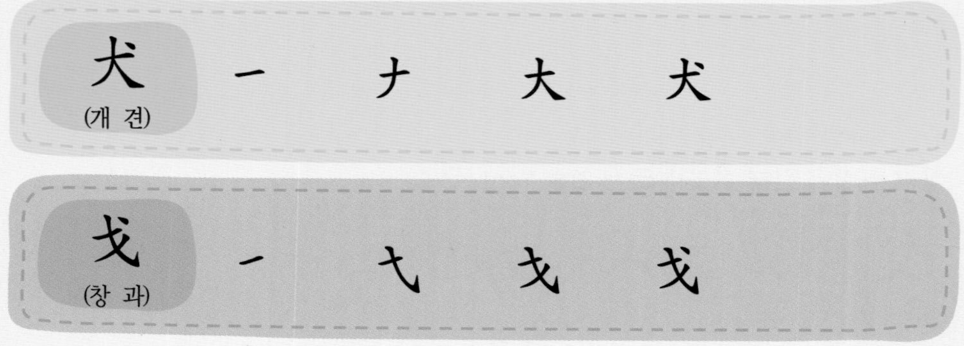

1. 읽기 과정

2. 본문 학습과정

1) 한자훈음 및 부수와 연상그림 영역
2) 한자쓰기 영역
3) 한자의 유래와 활용 낱말 영역
4) 단원별 확인학습 영역

3. 사자성어 학습과정

읽기 과정

※본 란은 본문 학습과정의 한자를 예습 및 복습을 위해 읽기과정의 배열순으로 나열하였습니다.

一 二

三 四

五 六

七 八

읽기 과정

※본 란은 본문 학습과정의 한자를 예습 및 복습을 위해 읽기과정의 배열순으로 나열하였습니다.

九 十

日 月

火 水

木 金

읽기 과정

※본 란은 본문 학습과정의 한자를 예습 및 복습을 위해 읽기과정의 배열순으로 나열하였습니다.

土 日

水 門

東 西

南 北

읽기 과정

※본 란은 본문 학습과정의 한자를 예습 및 복습을 위해 읽기과정의 배열순으로 나열하였습니다.

男 子

女 人

父 母

兄 弟

읽기 과정

※본 란은 본문 학습과정의 한자를 예습 및 복습을 위해 읽기과정의 배열순으로 나열하였습니다.

大 小

年 中

上 下

左 右

內 外

읽기 과정

※본 란은 본문 학습과정의 한자를 예습 및 복습을 위해 읽기과정의 배열순으로 나열하였습니다.

出 入

目 口

手 足

江 山

青 白

읽기 과정

※본 란은 본문 학습과정의 한자를 예습 및 복습을 위해 읽기과정의 배열순으로 나열하였습니다.

天 地

玉 石

林 羊

犬 馬

牛 耳

읽기 과정

※본 란은 본문 학습과정의 한자를 예습 및 복습을 위해 읽기과정의 배열순으로 나열하였습니다.

川 魚

己 心

先 生

姓 名

千 百

one

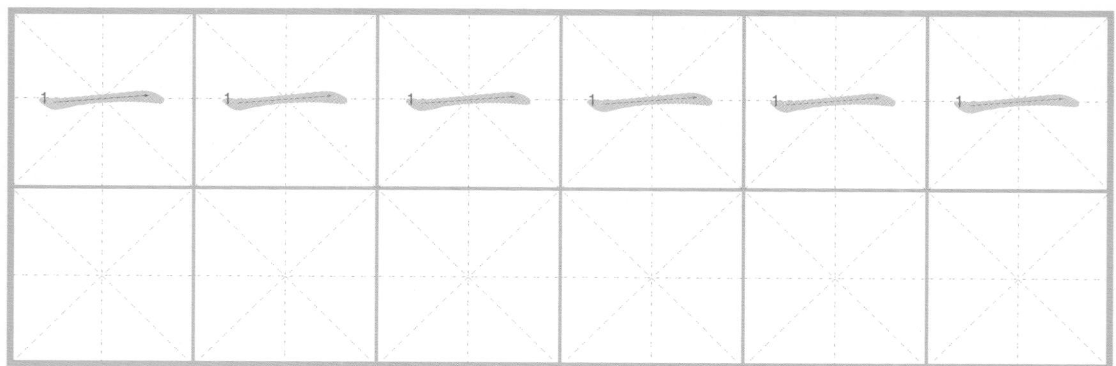

여러분! 함께 공부해 봅시다.

한자의 유래 나무 막대 하나가 놓여 있는 형상으로, 수량의 '하나'를 나타낸다.

활용낱말
一月(일월) : 1년 중의 첫 달. 정월.
一日(일일) : ①하루. 종일(終日). ②어느 한 날. ③그 달의 첫 날.

two

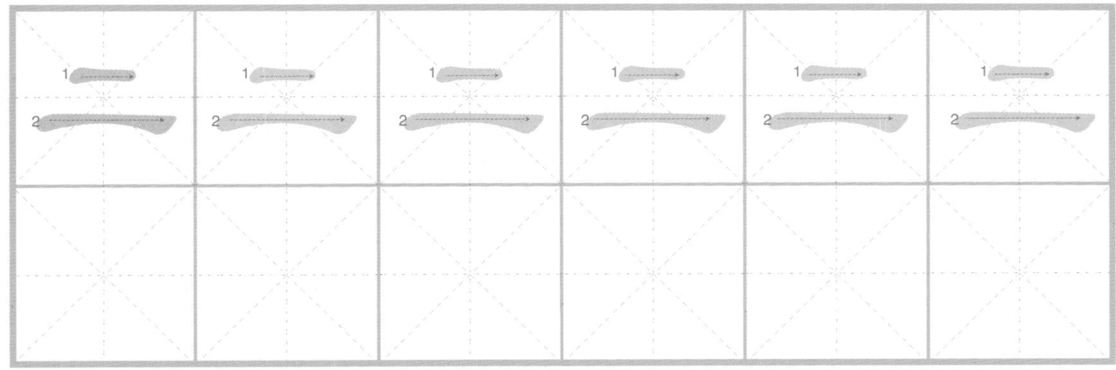

 一二 : 하나, 둘. 예문) 숫자 '1, 2'에 해당하는 한자를 '一, 二'라 합니다.

여러분! 함께 공부해 봅시다.

한자의 유래 나무 막대 두 개가 놓여 있는 형상으로, 수량의 '둘' 또는 '짝'을 나타낸다.

활용낱말
二月(이:월) : 한 해 열두 달 가운데 둘째 달.
二日(이:일) : 그 달의 둘째 날. 이틀.

three

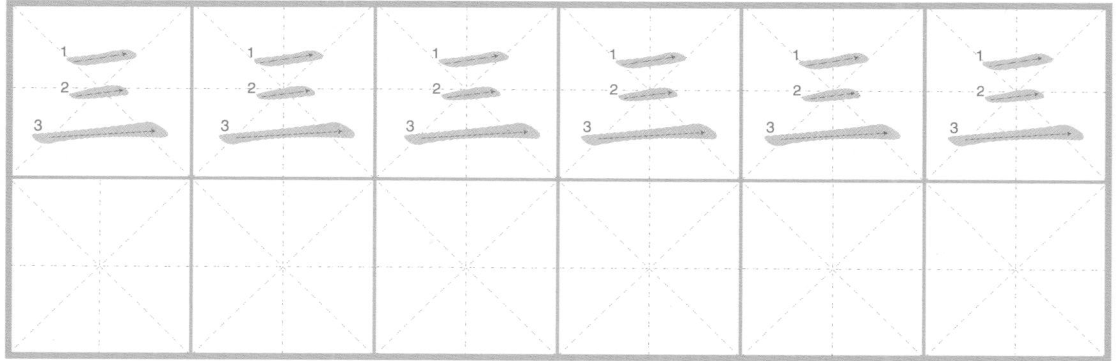

여러분! 함께 공부해 봅시다.

한자의 유래 길이가 같은 세개의 가로 획(三)으로써 숫자 '셋'을 나타낸다.

활용낱말

三三五五(삼삼오오) : 서넛 또는 대여섯 사람이 여기저기 무리지어 다니거나 무슨 일을 하는 모양.

三日(삼일) : 사흘.

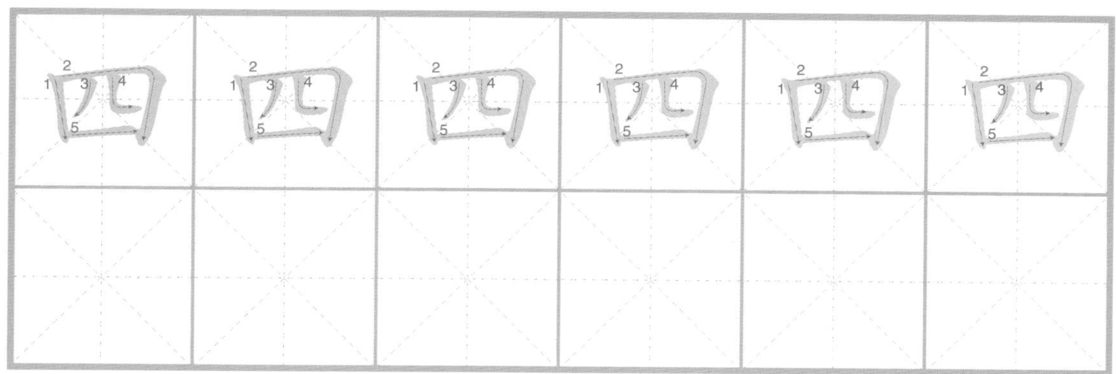

 三四 : 셋, 넷. 예문) 초등학교 '三, 四'학년의 소풍놀이가 시작되었습니다.

한자의 유래

'口'는 사방(四方)을 본뜬 것이며, '八'은 나눈다는 뜻으로 사방을 각각 네부분으로 나누는 모양으로써 '넷'의 뜻을 나타낸다.

四十(사:십) : 마흔(40).
四日(사:일) : 나흘.

five

五	五	五	五	五	五

여러분! 함께 공부해 봅시다.

한자의 유래

음(陰)과 양(陽)을 뜻하는 '二'와 서로 합쳐짐을 나타내는 '×'가 합쳐진 글자, 즉 음양이 합쳐져 오행(五行)의 조화를 이룬다는 데서 '다섯'을 의미한다.

활용낱말

五六月(오:뉴월) : 오월과 유월.

五日(오:일) : 닷새.

six

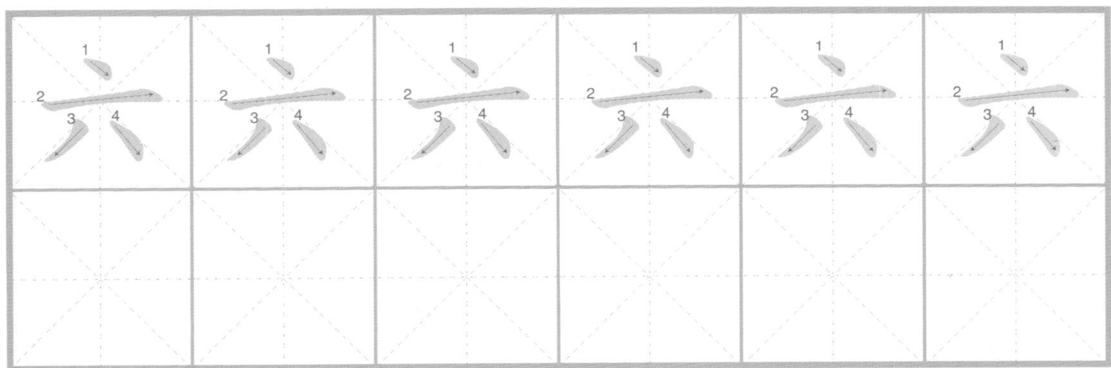

 五六 : 다섯, 여섯. 예문) 유치원에는 '五, 六'세 어린이가 가장 많습니다.

본디 들입(入)자로 통하는 'ㅗ'와 '八'이 합쳐져 짝수의 기본수 가운데 가장 큰 '팔(八)'에서 더 들어간 수인 '여섯'을 의미한다.

활용낱말

六月(유월) : 한 해의 여섯째 달.

六十(육십) : 예순(60).

seven

여러분! 함께 공부해 봅시다.

한자의 유래

'七'자의 옛 글꼴은 '十'자와 같은 모양이었는데, '十'보다 작은 수로 '十'의 세로획이 완전하지 못하고 구부러져 있는 '일곱'이란 뜻을 나타낸다.

활용낱말

七日(칠일) : 초이레.

七八月(칠팔월) : 칠월과 팔월.

eight

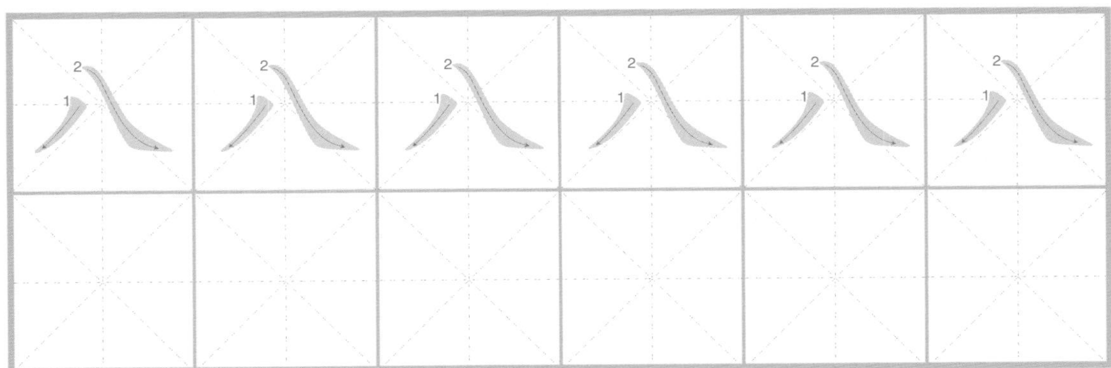

 七八 : 일곱, 여덟. 예문) 여름 방학은 '七, 八'월에 있습니다.

한자의 유래

사물이 둘로 나뉘어져 서로 등지고 있는 모양을 나타낸데서, 0에서 9까지의 숫자 가운데 둘로 나눌 수 있는 제일 큰 수인 '여덟'을 의미한다.

활용낱말

八十(팔십) : 여든(80).

八日(팔일) : 여드레. 여드렛날.

nine

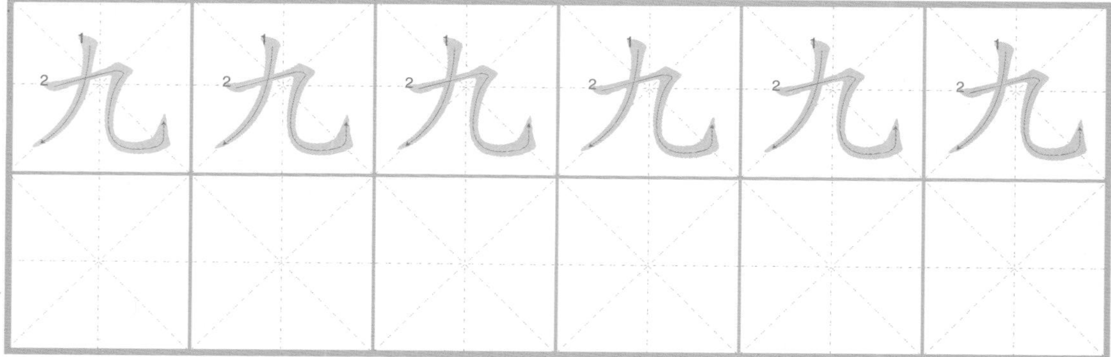

한자의 유래

굴곡의 변화가 많은 모양으로 끝, 마지막을 나타내며, 기본수의 마지막 '아홉'을 의미한다.

활용낱말

八九月(팔구월) : 팔월과 구월.

九九(구구) : 셈법의 하나. 구구법(九九法).

ten

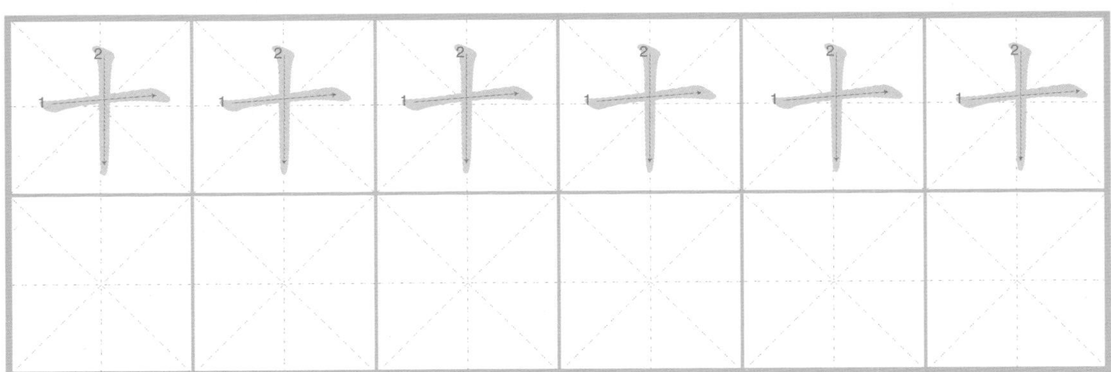

 九十 : 아홉, 열. 예문) 아흔살의 나이를 한자로 '九十'세라 말합니다.

동서(東西)를 나타내는 '一'과 남북(南北)을 나타내는 '丨'이 동서남북(東西南北)과 중앙이 모두 갖추어져 있다는 뜻으로 수에서 갖추어진 '열'을 의미한다.

활용낱말

十日(십일) : 열흘.

十月(시월) : 한해의 열번째 달.

sun,day

日	日	日	日	日	日

여러분! 함께 공부해 봅시다.

한자의 유래 태양의 모양을 본뜬 글자. 나아가 해가 아침에 떠서 저녁에 지면 하루가 가므로 '날'이란 뜻으로 발전하였다.

활용낱말
日東(일동) : 해가 동쪽에 뜸.
五日(오:일) : 닷새.

moon

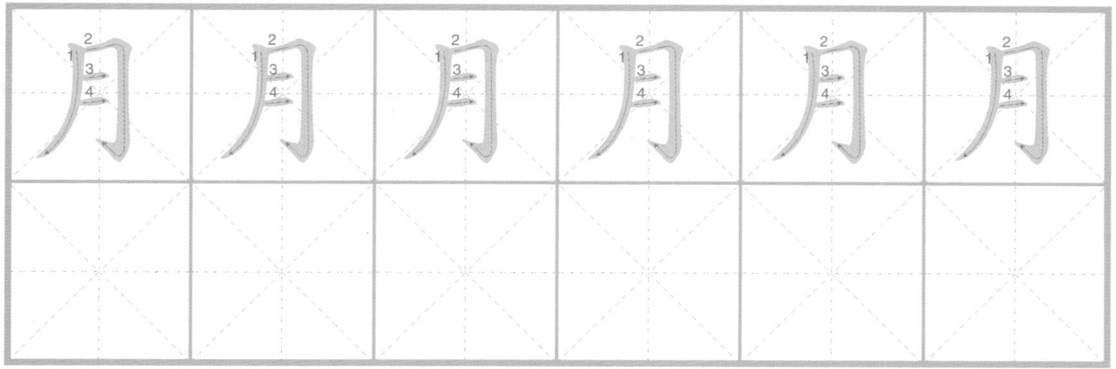

 日月 : 해와 달. (날과 달이 뜻으로) '세월'을 이름. 예문) 日月은 낮과 밤으로 세상을 밝게 합니다.

한자의 유래 초승달은 차츰 충만해져서 보름달이 되고, 보름달은 차츰 이지러져서 그믐달이 되므로 '月'은 이지러진 달의 모양을 본뜬 글자이다.

활용낱말

三月(삼월) : 한 해의 셋째 되는 달.

九月(구월) : 한해의 아홉째 달.

fire

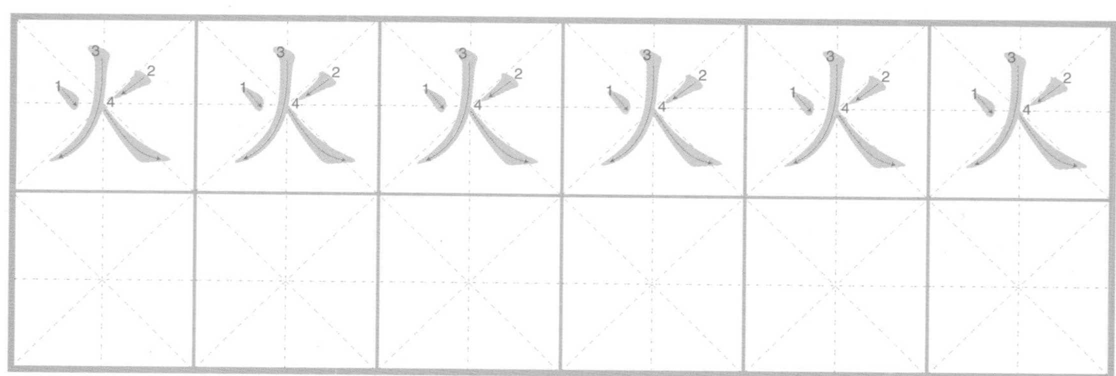

여러분! 함께 공부해 봅시다.

한자의 유래 불이 활활 타오르는 모양을 본뜬 글자이다.

활용낱말
火木(화:목) : 땔감으로 쓸 나무.
人火(인화) : 사람의 과실에 의한 화재.

water

水	水	水	水	水	水

 火水 : 화요일과 수요일. 예문) '火, 水'요일은 방과 후 한문(漢文) 수업이 있습니다.

여러분! 함께 공부해 봅시다.

한자의 유래

끊임없이 흐르는 물줄기와 물방울 또는 물결의 흐름을 본뜬 글자이다.

활용낱말

水門(수문) : 저수지나 수로(水路)에 설치하여 수량(水量)을 조절하는 문.

水火(수화) : 물과 불.

tree

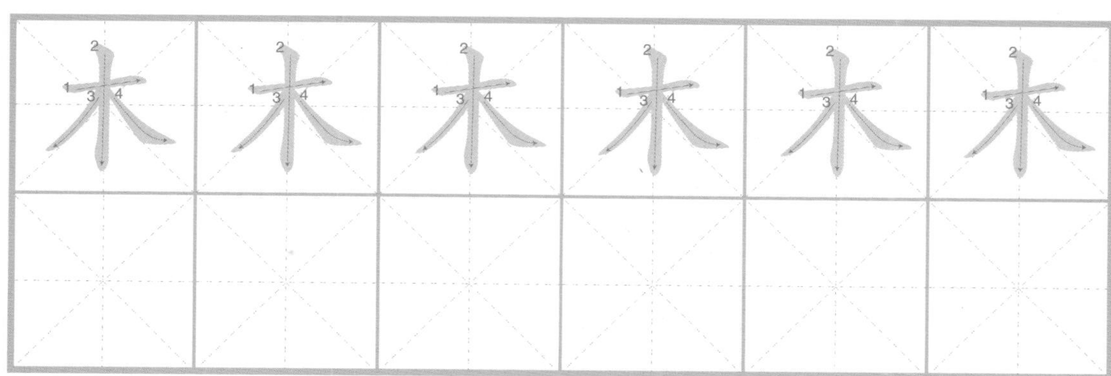

여러분! 함께 공부해 봅시다.

한자의 유래 나무의 가지와 뿌리를 갖추고 서 있는 모양을 본뜬 글자이다.

활용낱말

木門(목문) : 나무로 짠 문.

木人(목인) : 나무로 만든 사람 형상.

gold

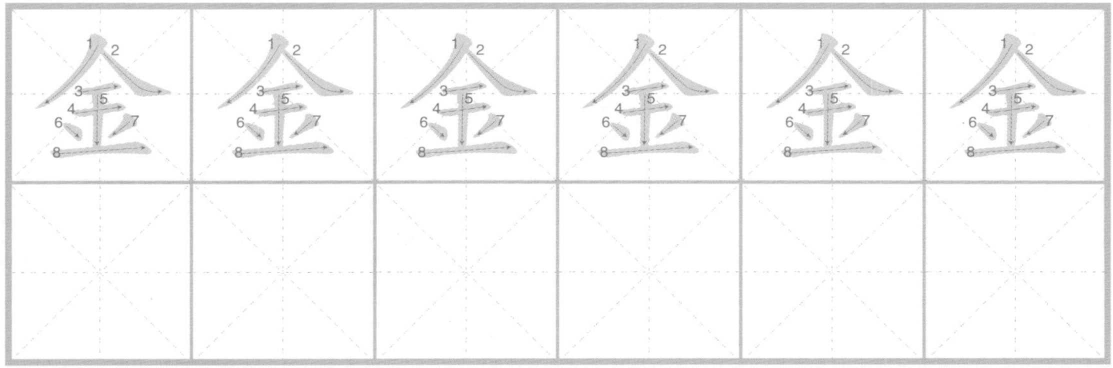

木金 : 목요일과 금요일. 예문) '木, 金'요일은 유치원에서 한자(漢字) 공부를 합니다.

여러분! 함께 공부해 봅시다.

한자의 유래

땅(土) 속에 묻혀 있으면서 반짝이는 광석으로, 그 가운데에 가장 귀한 '황금'을 의미한다.

활용낱말

金門(금문) : 궁궐의 문.

十八金(십팔금) : 금붙이의 순도를 나타내는 말.

확인학습 ①

그림에 알맞은 한자의 훈음을 고르시오.

보기 ①나무목 ②넉 사 ③여덟팔 ④열 십

1. 八 (　　　　)

2. 木 (　　　　)

훈음에 맞는 한자를 고르시오.

보기 ①金 ②二 ③十 ④七

3. 쇠 금 (　　　　)　　4. 두 이 (　　　　)

물음에 알맞은 한자를 보기에서 골라 그 번호를 쓰시오.

보기 ①日 ②火 ③水 ④月

5. '태양의 모양'을 본떠서 만든 한자는? (　　　)

6. '日'과 반대되는 뜻의 한자는? (　　　)

물음에 알맞은 답을 쓰시오.

7. 우리 집 전화번호는 12-345-6789번입니다. 숫자를 한자로 쓰시오.

□□-□□□-□□□□

soil

土	土	土	土	土	土

여러분! 함께 공부해 봅시다.

한자의 유래

땅위에 쌓아놓은 한 무더기의 흙 모양을 본뜬 글자이다. 일설에는 식물이 땅(一)을 뚫고 싹이 자라듯이 식물의 생육을 돕는 '흙'을 의미한다.

활용낱말

土人(토인) : ①미개한 지역에 정착하여 원시적인 생활을 하고 있는 종족을 얕잡아 이르는 말. ②흙으로 만든 인형.

gate

門	門	門	門	門	門

 土門 : 흙으로 만든 문. 예문) 옛날에는 '土門'을 만들어 사용하였습니다.

여러분! 함께 공부해 봅시다.

한자의 유래 두 개의 문짝이 달려 있는 모양을 본뜬 글자이다.

활용낱말
南門(남문) : 남쪽에 있는 정문.
門人(문인) : ①제자. 문하생(門下生). ②문지기.

east

東	東	東	東	東	東

여러분! 함께 공부해 봅시다.

한자의 유래

태양(日)이 나무(木) 사이에 걸쳐 있는 모양으로 해가 동쪽에서 떠올라 나무 사이에 보이는 형상으로 '동쪽'을 의미한다.

활용낱말

東門(동문) : 동쪽으로 난 문.

東西南北(동서남북) : 동족과 서쪽과 남족과 북쪽. 곧 사방.

west

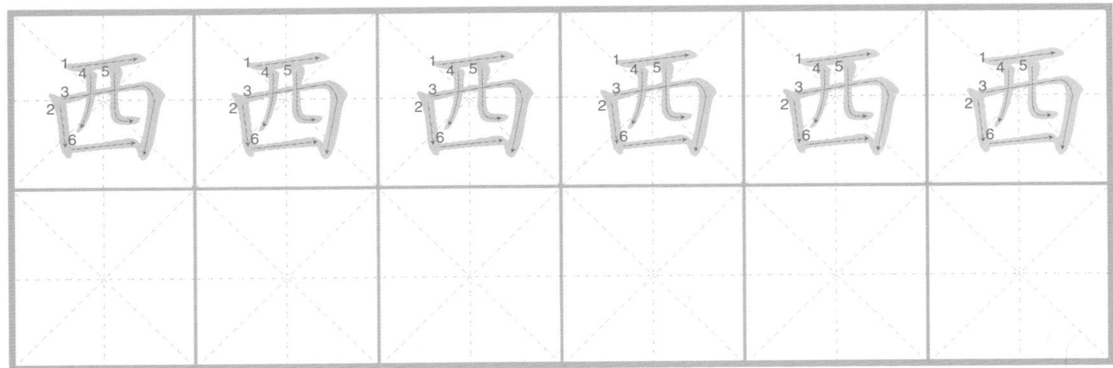

東西 : 동쪽과 서쪽. 예문) 올림픽 경기는 東西 대양의 화합을 이루는 큰 잔치입니다.

여러분! 함께 공부해 봅시다.

한자의 유래

새가 보금자리에 드는 모습을 본뜬 글자로, 새가 보금자리로 드는 때는 해가 서쪽으로 질 때이므로 '서쪽'을 나타낸다.

활용낱말

西北(서북) : 서쪽과 북쪽.
西門(서문) : 서쪽으로 나 있는 문.

south

여러분! 함께 공부해 봅시다.

한자의 유래

옛날 남방민족이 사용했던 나무에 매달아 치는 종과 비슷한 타악기의 모양을 본뜬 글자로, 후에 와서 '남쪽'을 나타내게 되었다.

활용낱말

南男北女(남남북녀) : 우리나라에서 남자는 남부지방에서 여자는 북부지방에서 잘난 사람이 많다는 뜻으로 옛부터 일러오는 말.

north

 南北 : 남쪽과 북쪽. 예문) 서울에서 南北 축구시합이 열렸습니다.

한자의 유래

두 사람이 서로 등을 맞대고 있는 모양이다. 사람이 밝은 쪽을 향하고 집도 남향으로 지으며, 그 반대쪽을 '북쪽'으로 삼는다. 또한 '적에게 등을 보이고 달아나다(배)'는 뜻을 갖는다.

활용낱말

北門(북문) : 북쪽으로 낸 문.

北人(북인) : 북방의 사람.

밭(田)에 나가 농기구를 사용하여 힘(力)써 일하는 사내라는 데서 '남자'라는 의미를 나타낸다.

활용낱말

男女(남녀) : 남자와 여자.

男子(남자) : ①남성인 사람. 사나이. ②남성다운 사내.

son

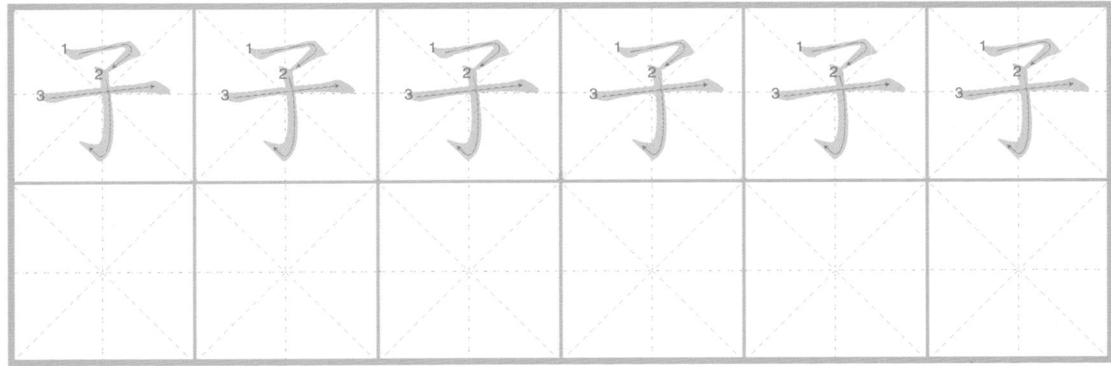

 男子 : 남성인 사람. 사나이. 남성다운 사내. 예문) 해마다 男子 아이의 수가 늘어나고 있습니다.

여러분! 함께 공부해 봅시다.

한자의 유래

사람의 머리와 손발의 모양을 본뜬 글자로, 다리가 하나인 것은 강보에 쌓인 어린아이의 모양을 본떴기 때문이다.

활용낱말

子女(자녀) : 아들과 딸. 아들딸.
子弟(자제) : 남의 집 아들을 높여 일컫는 말.

female

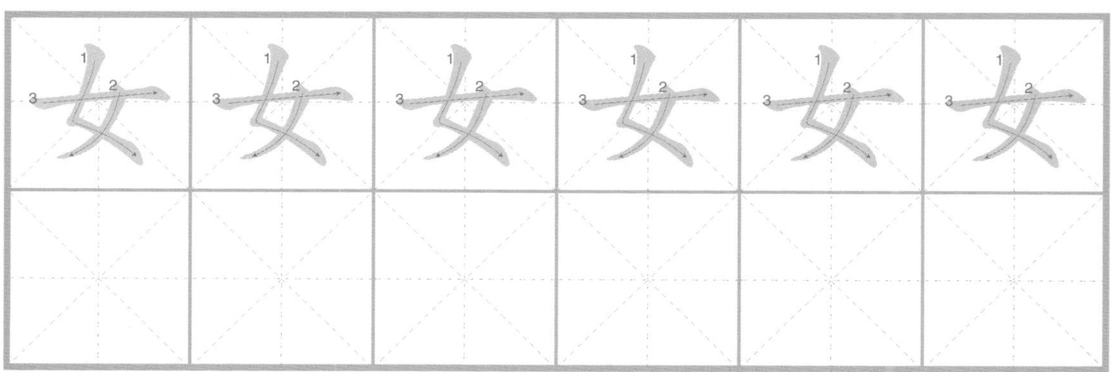

여러분! 함께 공부해 봅시다.

한자의 유래

여자가 두 손을 모으고 무릎을 굽혀 유순하고 얌전하게 앉아 있는 모습을 본뜬 글자이다.

활용낱말

男女(남녀) : 남자와 여자.
女子(여자) : 사람을 두 성(性)으로 나눈 한쪽. 여성인 사람.

people

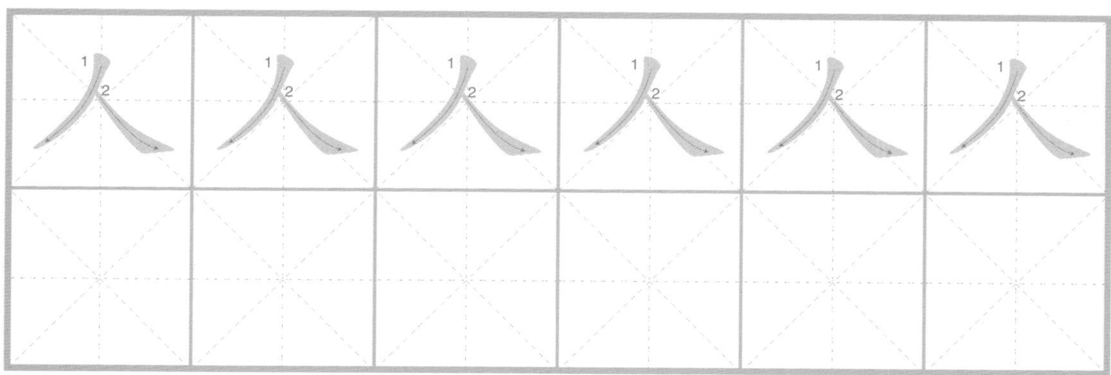

 女人 : 어른인 여자. 예문) 새봄은 女人들의 옷차림에서 찾아온다고 합니다.

한자의 유래

사람이 두 팔을 앞으로 뻗고 서 있는 모습을 본뜬 글자로, 직립(直立) 보행으로 다른 동물과 구별되는 사람만의 특징을 표현한 글자이다.

활용낱말

西人(서인) : 서양인.

南人(남인) : 남쪽 나라의 사람.

father

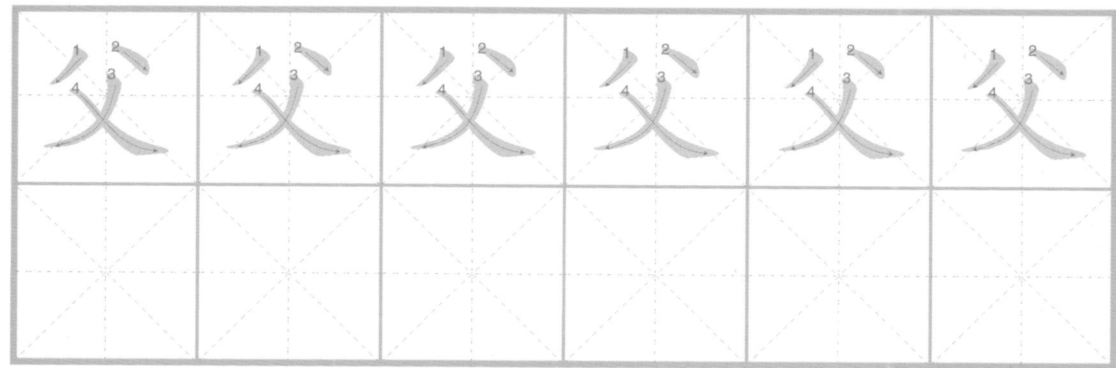

여러분! 함께 공부해 봅시다.

한자의 유래

채찍을 들고 가족을 거느려 가르치는 것은 집안의 가장인 '아버지'를 의미하며, 또한 돌도끼와 같은 도구를 가지고 일하는 남자 곧 '아비, 아버지'를 뜻한다.

활용낱말

父子(부자) : 아버지와 아들.
父兄(부형) : ①아버지와 형. ②학교에서 '학생(아동)의 보호자'를 두루 일컫는 말.

mother

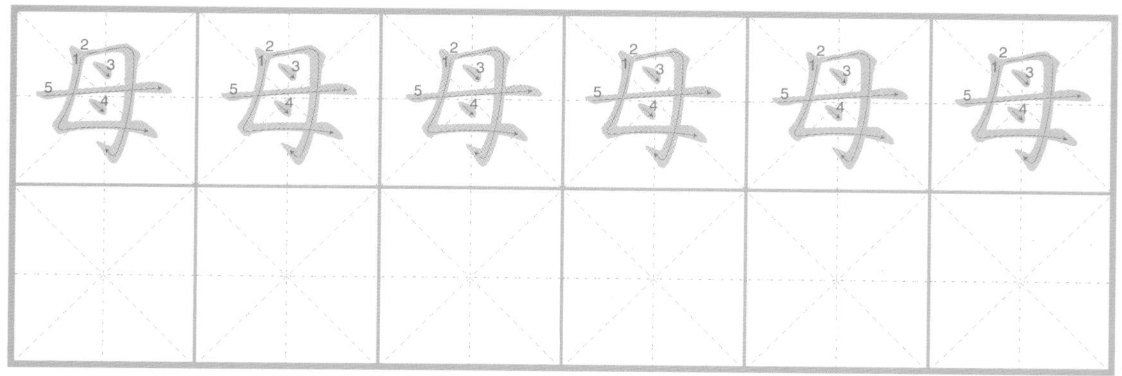

 父母 : 아버지와 어머니. 예문) 父母님의 은혜는 하늘과 같습니다.

여러분! 함께 공부해 봅시다.

한자의 유래 여자가 가슴을 드러내고 어린 아이에게 젖을 먹이는 모양으로, '어미, 어머니'를 의미한다.

활용낱말

母女(모:녀) : 어머니와 딸.
母子(모:자) : 어머니와 아들.

elder brother

兄	兄	兄	兄	兄	兄

여러분! 함께 공부해 봅시다.

한자의 유래 입을 크게 벌려 아우를 타이르거나 명령하는 사람으로 '윗사람, 형'을 의미한다.

활용낱말
大兄(대ː형) : ①맏형. ②형에 대한 존칭.
父兄(부형) : ①아버지와 형. ②학교에서 '학생(아동)의 보호자'를 두루 일컫는 말.

younger brother

弟	弟	弟	弟	弟	弟

 兄弟 : 형과 아우. 예문) 우리 兄弟는 의좋기로 소문이 나 있습니다.

여러분! 함께 공부해 봅시다.

한자의 유래

막대에 새끼줄을 위에서 아래까지 차례대로 감아 내려오는 모양으로 나중에 아랫사람 '아우, 동생' 또는 '제자'를 뜻하게 되었다.

弟子(제:자) : 스승의 가르침을 받거나 받은 사람. = 문도(門徒).

弟兄(제:형) : ①형제. ②남을 친밀하게 이르는 말.

확인학습 ②

그림에 알맞은 한자의 훈음을 고르시오.

보기	①안 내	②여자녀	③아들자	④위 상

1. 女 (　　　　)

2. 子 (　　　　)

훈음에 맞는 한자를 고르시오.

보기	①門	②入	③北	④土

3. 문 문 (　　　　)　　4. 북녘 북 (　　　　)

물음에 알맞은 한자를 보기에서 골라 그 번호를 쓰시오.

5. '태양이 나무의 사이에 걸쳐 있는 모양'을 본떠서 만든 한자는?
( )

6. '밭에 나가 농기구를 사용하여 힘써 일하는 사내'를 뜻하는 한자는?
( )

한자어의 독음으로 바른 것을 고르시오.

7. 女人 ( ) ①여인 ②녀인 ③려인 ④어인

8. 兄弟 ( ) ①경제 ②경조 ③형수 ④형제

big

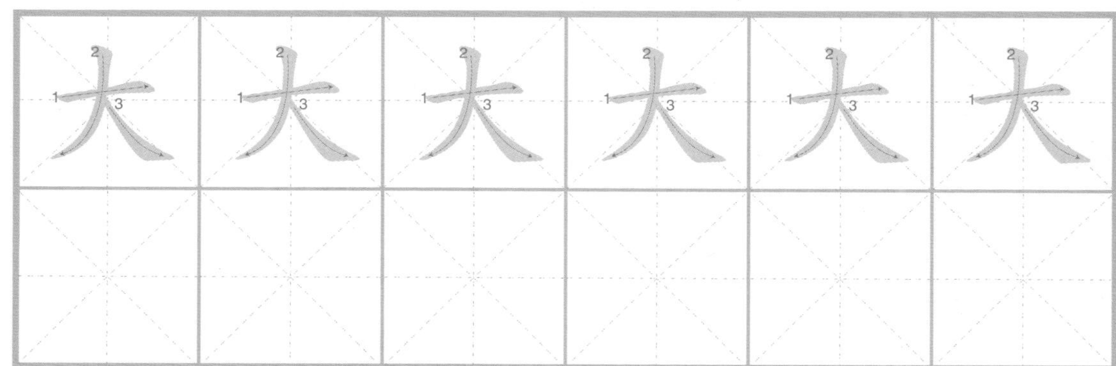

여러분! 함께 공부해 봅시다.

한자의 유래

정면에서 사람의 머리와 두 팔과 두 다리를 본뜬 글자로, 사람이 두 팔을 벌리고 똑바로 서 있는 모습은 인간이 만물의 영장이므로 '크다' 는 뜻을 나타낸다.

활용낱말

大江(대:강) : 큰 강.
大門(대:문) : 집의 정문.

small

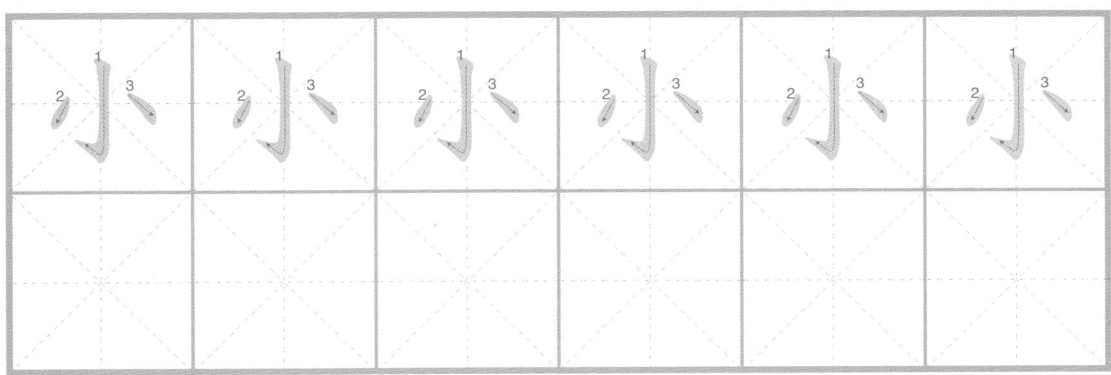

 大小 : 크고 작음. 예문) 두 수의 大小를 구분하여 크기를 알아봅시다.

여러분! 함께 공부해 봅시다.

한자의 유래 아주 작은 물건(亅)을 다시 둘로 나눈다(八)는 데서 '작다'라는 뜻을 나타낸다.

활용낱말

小門(소:문) : 작은 문.
小木(소:목) : 작은 나무.

year

여러분! 함께 공부해 봅시다.

한자의 유래

사람이 익은 곡식을 짊어지고 돌아오고 있는 모습으로, 나중에 곡식이 익어서 수확하게 될 때까지의 기간이라는 데서 '해, 나이'를 의미하게 되었다.

활용낱말

年金(연금) : 일정 기간 또는 평생에 걸쳐서 해마다 지급되는 일정액의 돈.

年上(연상) : 나이가 위임. 또는 그 사람.

middle

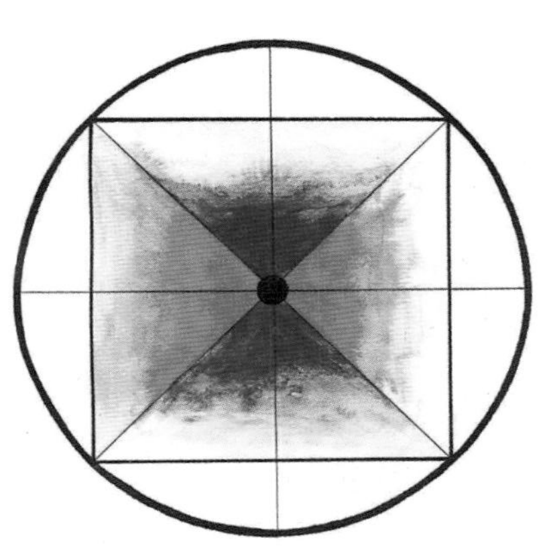

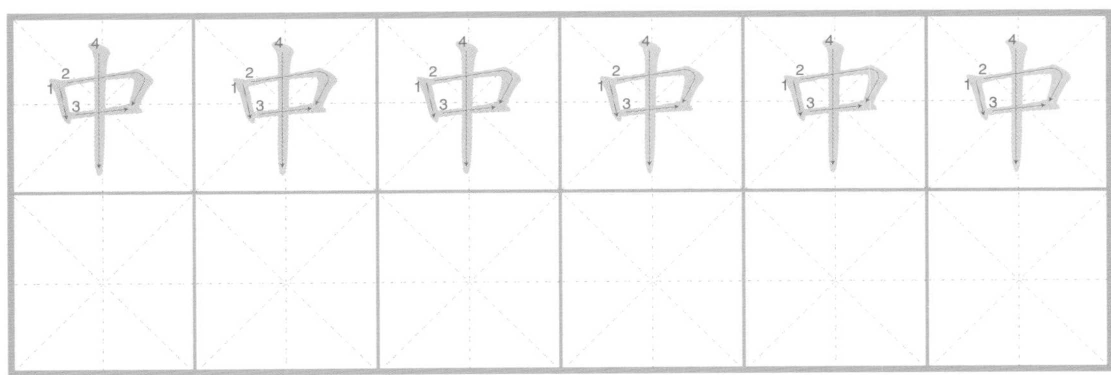

 年中 : (그 해의) 한 해 동안. 예문) 이 상점은 年中 쉬는 날이 없습니다.

한자의 유래 어떤 물건(口)의 가운데를 꿰뚫은(丨) 모양에서 '가운데'를 뜻하며, 과녁을 꿰뚫었다는 데서 '맞히다'는 의미를 나타낸다.

활용낱말 中東(중동) : (유럽을 기준으로 한) 극동과 근동의 중간 지역으로 곧, 지중해 연안의 서남아시아 및 이집트를 포함한 지역.

above

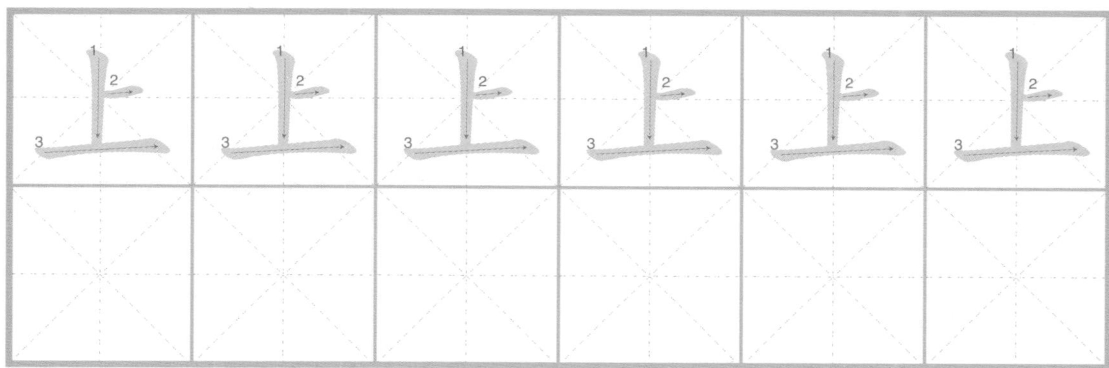

한자의 유래 하나의 긴 선 위에 짧은 선이 놓여 있음을 가리키며, 이는 어떤 기준선 '위'를 나타낸다.

활용낱말

山上(산상) : 산의 위.
上手(상:수) : 남보다 나은 솜씨나 수. 또는 그 사람. 고수(高手).

below

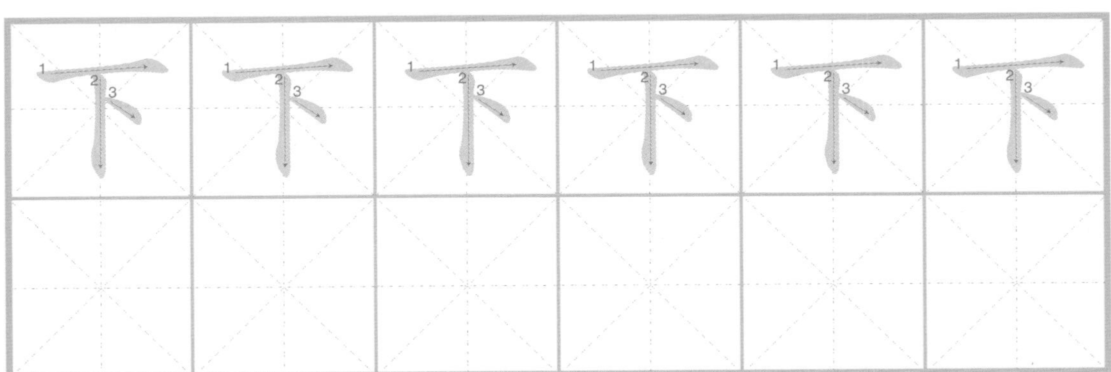

 上下 : 위와 아래. 예문) 민주국가는 국민의 上下 구분이 없습니다.

하나의 긴 선 아래에 짧은 선이 있음을 가리키며, 이는 어떤 기준선 '아래'를 나타낸다.

활용낱말

下女(하:녀) : 여자하인. 계집종.
下山(하:산) : 산에서 내려옴.

left

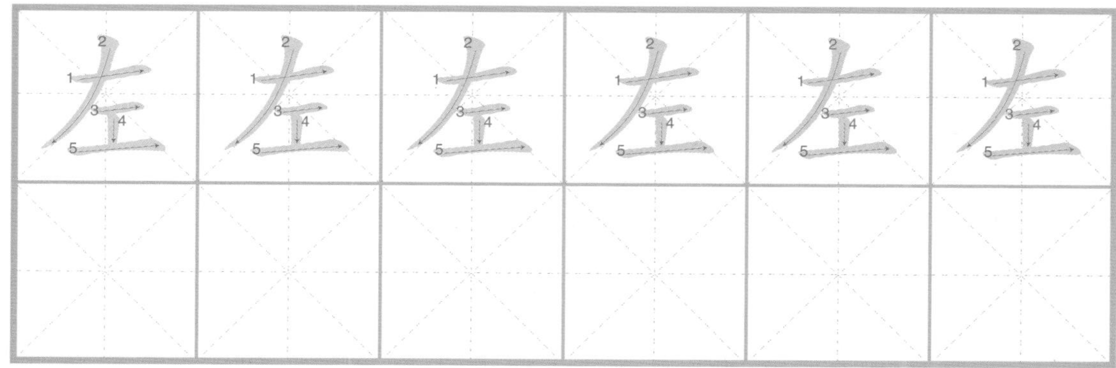

여러분! 함께 공부해 봅시다.

한자의 유래

왼손에 도구를 쥐고 오른손을 도와주는 '왼손' 즉, '왼쪽'을 나타낸다.

활용낱말

左手(좌:수) : 왼손.
左右(좌:우) : 왼쪽과 오른쪽.

right

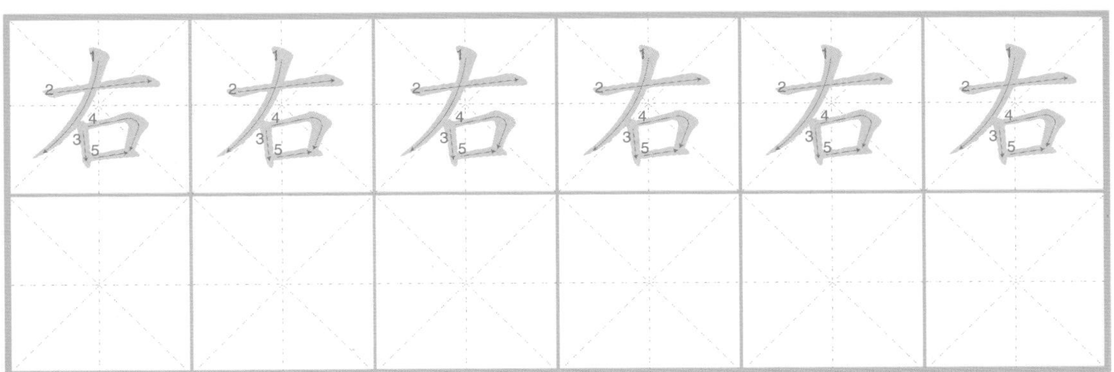

 左右 : 왼쪽과 오른쪽. 예문) 도로를 건널 때는 左右를 잘 살펴야 합니다.

여러분! 함께 공부해 봅시다.

한자의 유래 오른손을 본뜬 글자이며, 일을 할 때에 오른손만으로 모자라 입으로도 돕는다는 데서 '돕다'는 의미를 갖기도 한다.

활용낱말

右手(우:수) : 오른손. ↔ 좌수(左手).
右足(우:족) : 오른쪽 발.

inside

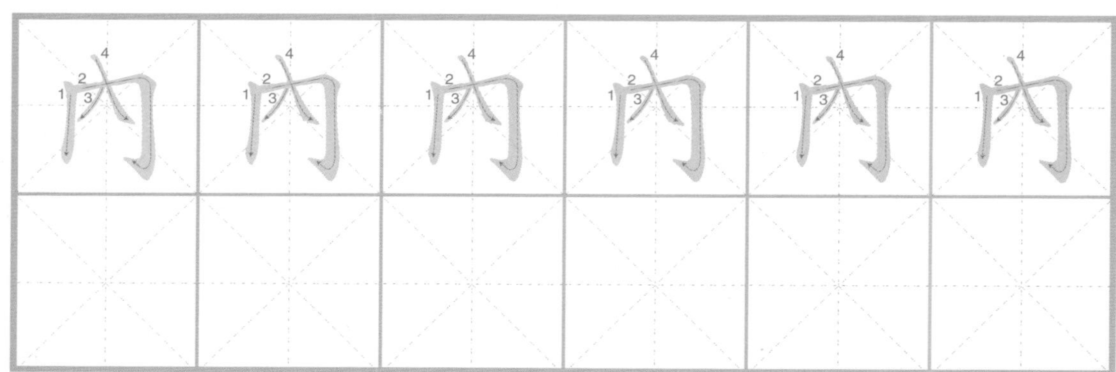

여러분! 함께 공부해 봅시다.

한자의 유래 집이나 실내로 들어가는 것을 나타낸 글자이다.

활용낱말
山內(산내) : 산 속.
年內(연내) : 그 해 안. 그 해가 다 가기 전.

outside

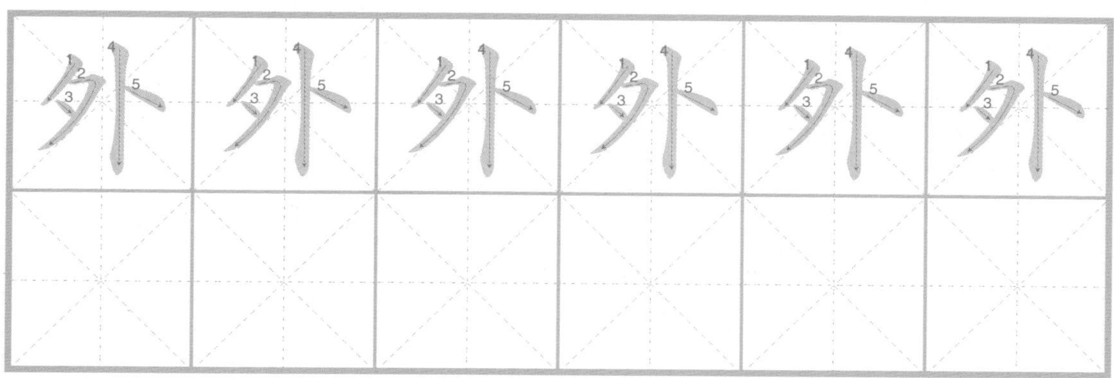

 內外 : 안과 바깥. 예문) 관중들이 경기장 內外를 가득 메웠습니다.

한자의 유래

점(卜)은 보통 아침에 치므로 저녁(夕)에 점을 치는 것은 원칙에 벗어난다 하여 '밖'을 의미한다.

활용낱말

外門(외:문) : 바깥쪽의 문.
外出(외:출) : 볼일을 보러 밖에 나감.

확인학습 ③

그림에 알맞은 한자의 훈음을 고르시오.

보기	①안 내 ②여자녀 ③아들자 ④위 상

1. 上 (　　　　)

2. 內 (　　　　)

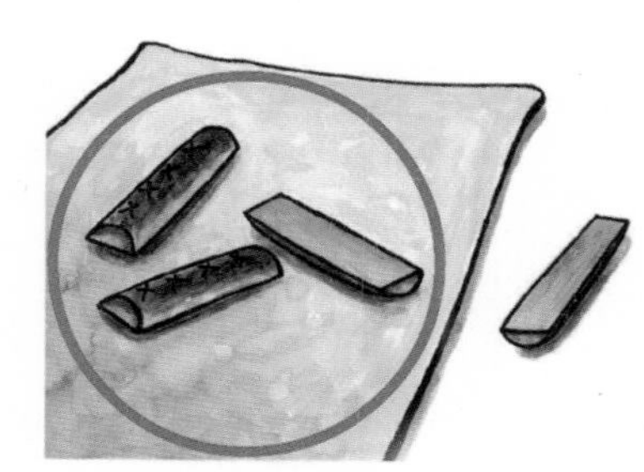

훈음에 맞는 한자를 고르시오.

보기	①右 ②入 ③北 ④小

3. 들 입 (　　　　)　　4. 작을 소 (　　　　)

물음에 알맞은 한자를 보기에서 골라 그 번호를 쓰시오.

보기	①右	②左	③大	④外

5. '정면에서 사람의 머리와 두 팔과 두 다리를 본떠서 만든 한자는? (　　　)

6. 왼손에 도구를 쥐고 오른손을 도와주는 '왼손' 즉, '왼쪽'을 뜻하는 한자는? (　　　)

밑줄 친 한자어의 독음으로 바른 것을 고르시오.

보기	①좌우	②우좌	③일출	④외출

7. 外出할 때는 문단속을 철저히 한다. (　　　)

8. 횡단보도를 건널 때는 左右를 잘 살핍니다. (　　　)

come out

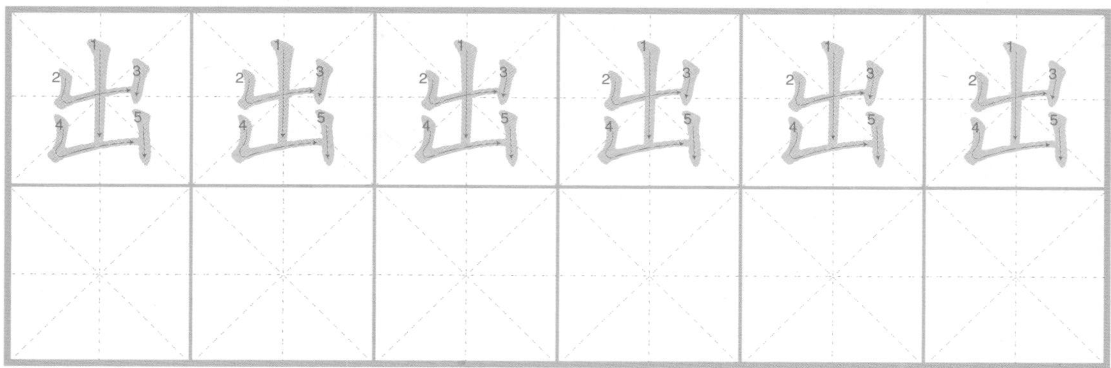

여러분! 함께 공부해 봅시다.

한자의 유래

초목의 싹(艹)이 차츰 위로 가지를 뻗으며 자라는 모양을 본뜬 글자로, 초목의 싹은 위로 돋아난다 하여 '성장하다, 출생하다'의 뜻을 나타냄

활용낱말

出金(출금) : 돈을 냄. 또는 그 돈. ↔ 입금(入金).

出土(출토) : 땅속에 묻힌 것이 저절로 나오거나 파서 나옴.

enter

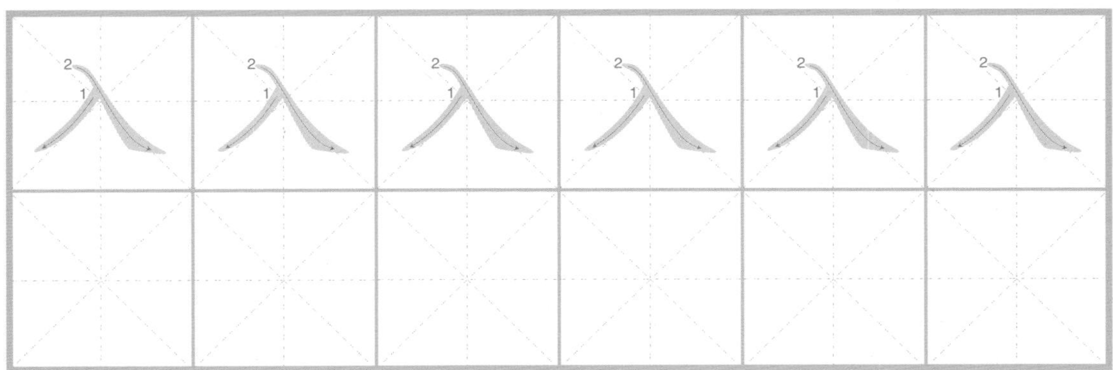

 出入 : 나가고 들어옴. 예문) 出入할 때에는 부모님께 꼭 알려야 합니다.

여러분! 함께 공부해 봅시다.

한자의 유래 밖에서 안으로 들어가다의 뜻으로 하나의 줄기 밑에 뿌리가 갈라져 땅속으로 뻗어 들어가는 모양을 나타내기도 한다. 둘다 '들어가다'는 의미는 같음.

활용낱말

入口(입구) : 들어가는 어귀. ↔ 출구(出口).

入手(입수) : 손에 넣거나 손에 들어옴.

eye

여러분! 함께 공부해 봅시다.

한자의 유래 사람의 눈 모양을 본뜬 글자이다.

활용낱말

目下(목하) : 바로 이때. 지금.

五目(오:목) : 바둑판을 이용한 놀이의 한 가지.

mouth

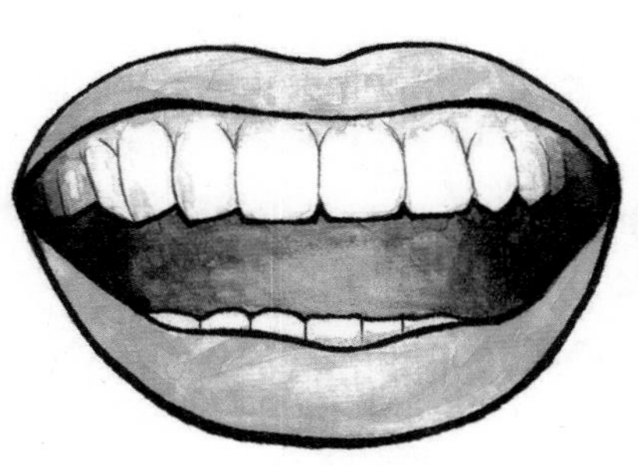

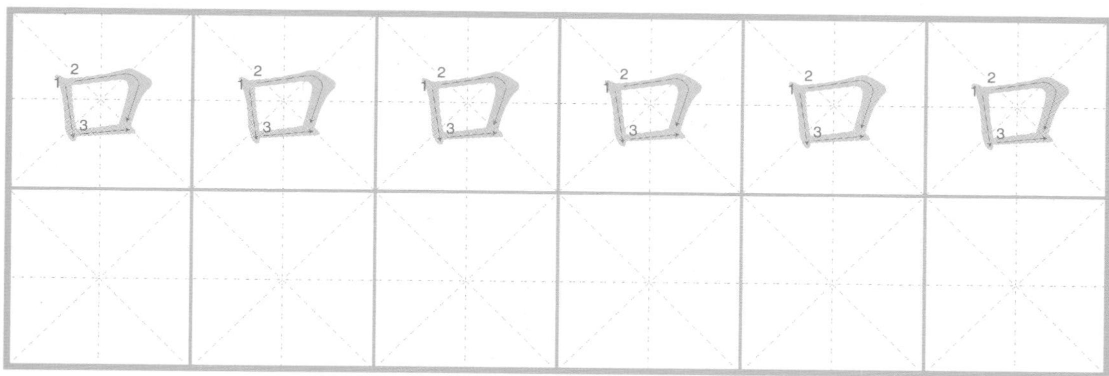

目口 : 눈과 입. 예문) 보통 잘 생긴 사람은 耳目口鼻(비)가 빼어납니다.

여러분! 함께 공부해 봅시다.

한자의 유래 사람의 입모양을 본뜬 글자이다.

활용낱말
入口(입구) : 들어가는 어귀. ↔ 출구(出口).
出口(출구) : 나가는 곳.

hand

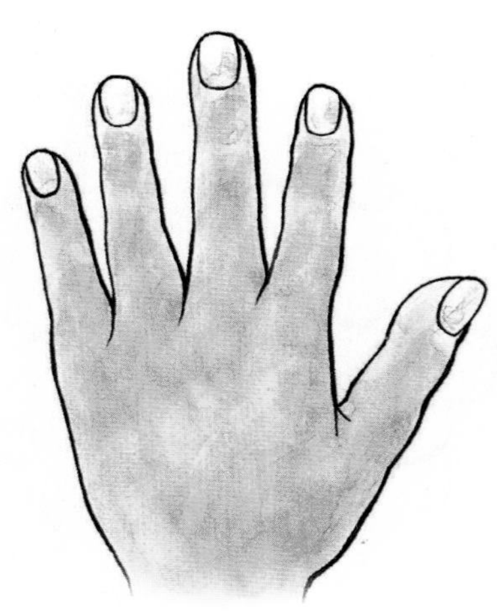

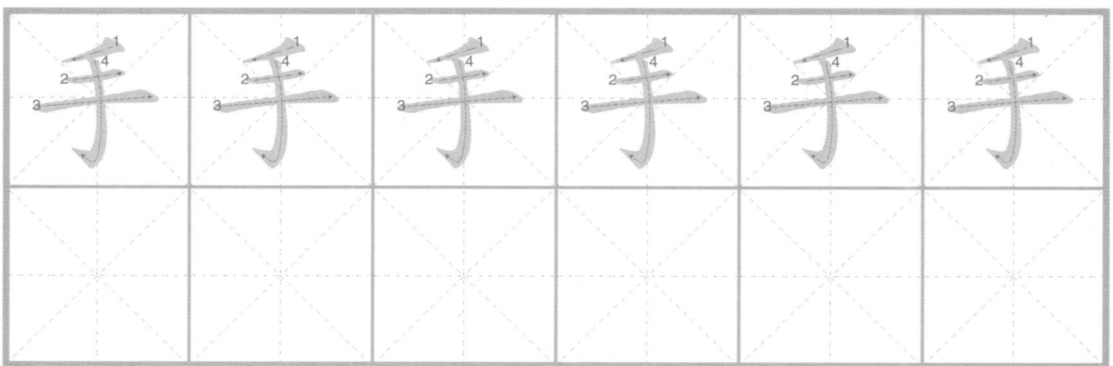

여러분! 함께 공부해 봅시다.

한자의 유래 다섯손가락을 펼치고 있는 손의 모양을 본뜬 글자이다.

활용낱말

手足(수족) : ①손과 발. ②'손발처럼 마음대로 부리는 사람'을 비유 하여 이르는 말.

手中(수중) : ①손 안. ②자신의 힘이 미칠 수 있는 범위.

foot

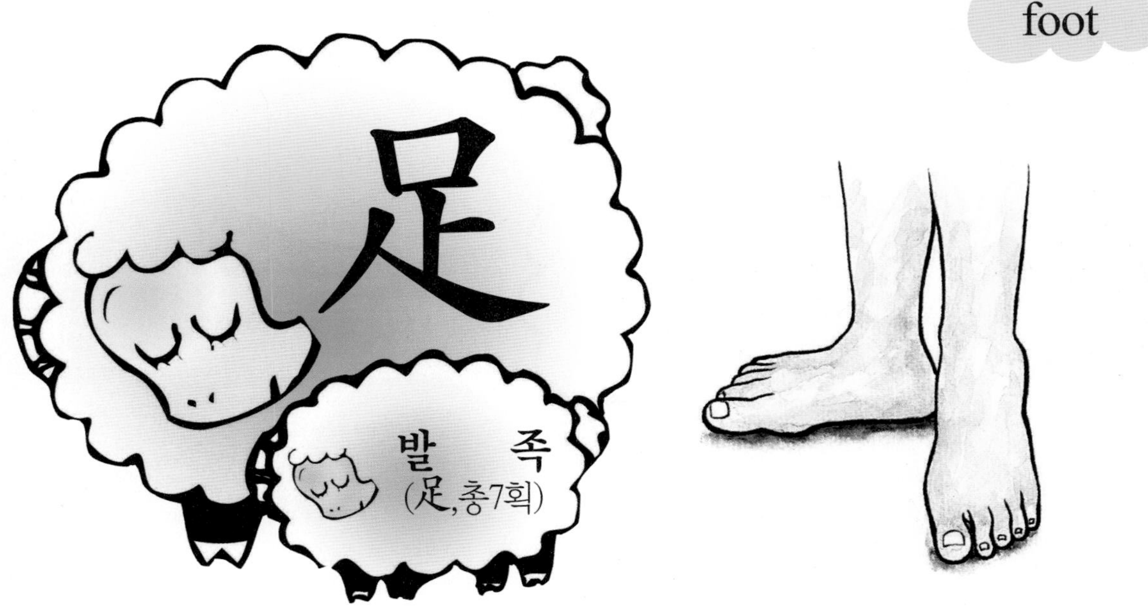

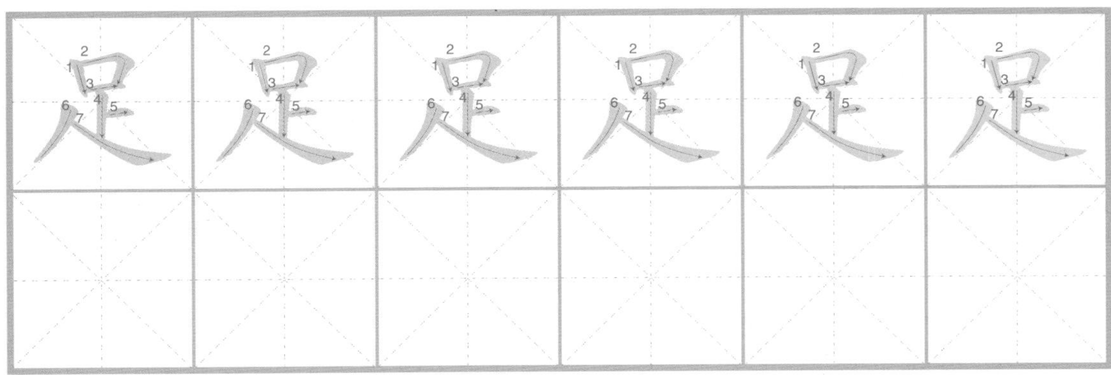

手足 : 손과 발. 예문) 둘도없이 친한 사람을 '나의 手足과 같다'고 말합니다.

여러분! 함께 공부해 봅시다.

한자의 유래

무릎을 본뜬 'ㅁ'와 정강이에서 발끝까지를 본뜬 '止'를 합한 글자로, 무릎부터 아래부분인 '발'을 나타낸다.

활용낱말

足下(족하) : 발 아래.

右足(우:족) : 오른쪽 발.

river

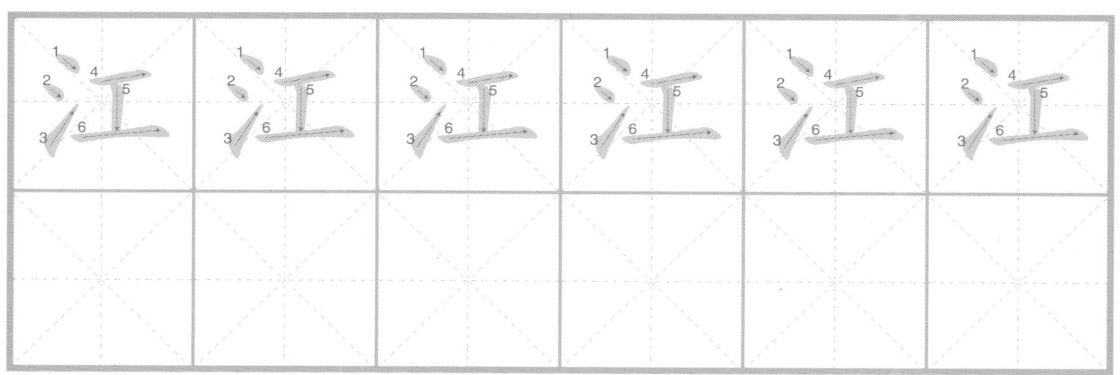

여러분! 함께 공부해 봅시다.

한자의 유래 큰 물이 땅을 가르며 흘러서 큰 강을 이룬다는 데서 '강(江)'을 의미한다.

활용낱말
江南(강남) : 강의 남쪽.
江山(강산) : ①(강과 산이라는 뜻으로) 자연의 경치를 이르는 말. ②강토.

mountain

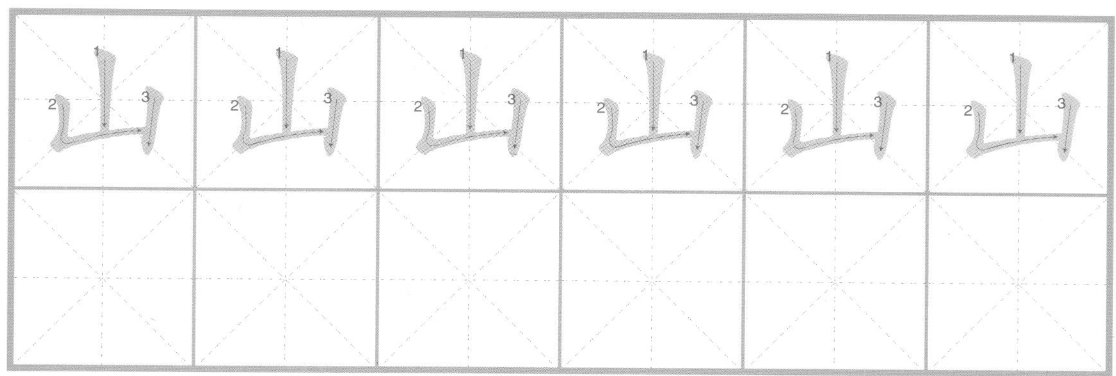

 江山 : 강과 산. 예문) 아름다운 江山을 잘 보존하여 후손에게 물려주어야 합니다.

한자의 유래 땅 위에 우뚝 솟아난 세 개의 산봉우리 모양을 본뜬 글자이다.

山水(산수) : ①(산과 물이라는 뜻으로) 자연의 경치.
②산에서 흘러내리는 물.

山中(산중) : 산 속.

blue,green

青	青	青	青	青	青

여러분! 함께 공부해 봅시다.

한자의 유래

초목의 싹이 돋아나올 때(生)는 붉으나(丹) 자라면서 점차 푸른빛을 나타낸다 하여 '푸르다'는 의미이다. 또는 푸른 빛의 초목이 싹트고, 우물(井) 빛이 푸르다는 의미도 있다.

활용낱말

青年(청년) : 젊은 사람. 젊은이.

青白(청백) : 청색과 백색.

white

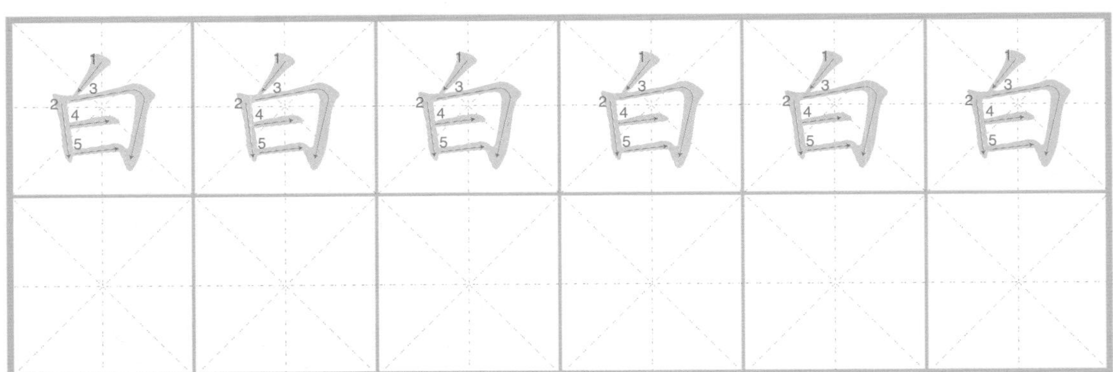

 青白 : 푸르고 흼. 예문) 青白 양 팀의 힘찬 응원전이 펼쳐지고 있습니다.

여러분! 함께 공부해 봅시다.

한자의 유래 태양의 밝은 빛이 흰빛을 발한다 하여 '희다, 깨끗하다'라는 뜻을 나타낸다.

활용낱말

白金(백금) : 은백색의 귀금속 원소.

白日(백일) : 한낮. 대낮.

확인학습 ④

그림에 알맞은 한자의 훈음을 고르시오.

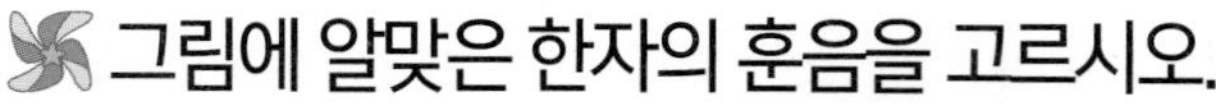

보기 ①푸를청 ②해 년 ③흰 백 ④가운데중

1. 白 (　　　)

2. 靑 (　　　)

훈음에 맞는 한자를 고르시오.

보기 ①母 ②手 ③足 ④江

3. 강 강 (　　　)　　4. 발 족 (　　　)

물음에 알맞은 한자를 보기에서 골라 그 번호를 쓰시오.

보기 ①門 ②口 ③山 ④目

5. '사람의 눈 모양'을 본떠서 만든 한자는? (　　)

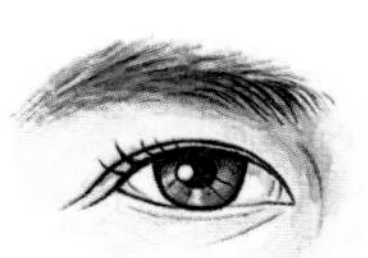
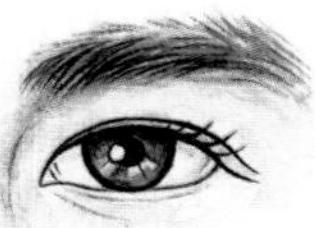

6. '땅 위에 우뚝 솟아난 세 개의 산 봉우리 모양'을 본떠서 만든 한자는? (　　)

밑줄 친 한자어의 독음으로 바른 것을 고르시오.

보기 ①강산 ②강수 ③청백 ④청일

7. 운동회는 <u>靑白</u>팀으로 나누어 경기를 합니다. (　　)

8. 우리나라 <u>江山</u>은 아름답습니다. (　　)

heaven

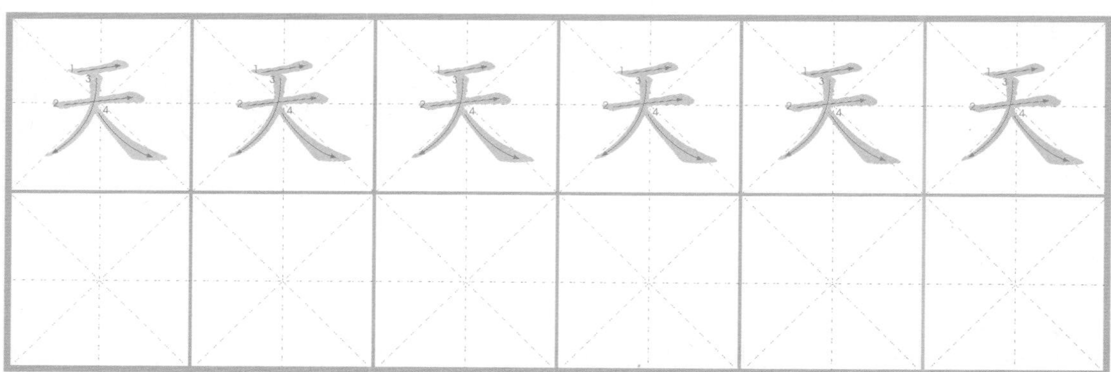

여러분! 함께 공부해 봅시다.

한자의 유래 사람의 머리를 특별히 크게 그린 것으로 '높은 사람'이나 '하늘'을 나타냄.

활용낱말

天地(천지) : 하늘과 땅을 일컬음.

天心(천심) : 하늘의 뜻. 하늘의 한가운데.

land

地	地	地	地	地	地

 天地 : 하늘과 땅. '세상', '우주', '세계'. 예문) 눈이 온 天地를 뒤덮었습니다.

여러분! 함께 공부해 봅시다.

흙 토(土)와 어조사 야(也)를 합한 글자로 '파충류가 기어다니는 땅'의 뜻으로 '모성과 생산'을 뜻하게 되었음.

활용낱말

外地(외지) : 나라 밖의 땅. 식민지.

大地(대지) : ('하늘'에 대하여) 대자연의 넓고 큰 땅.

jade

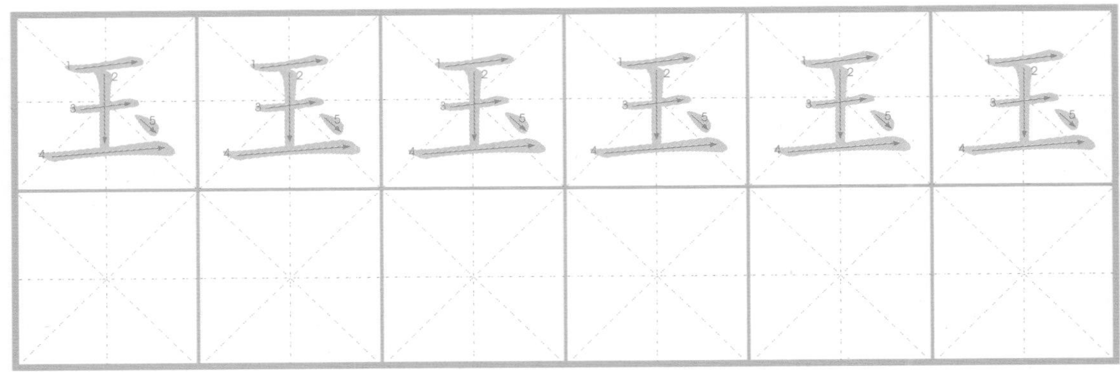

여러분! 함께 공부해 봅시다.

여러 개의 구슬을 끈으로 꿴 모양으로, 임금 왕(王)자와 비슷하나, 원래는 전혀 다른 글자이며, '王'은 큰 도끼의 모양을 본뜬 것임.

白玉(백옥) : 흰 옥(구슬).
玉石(옥석) : '옥과 돌'이라는 뜻으로 좋은 것과 나쁜 것을 구분함을 이르는 말.

stone

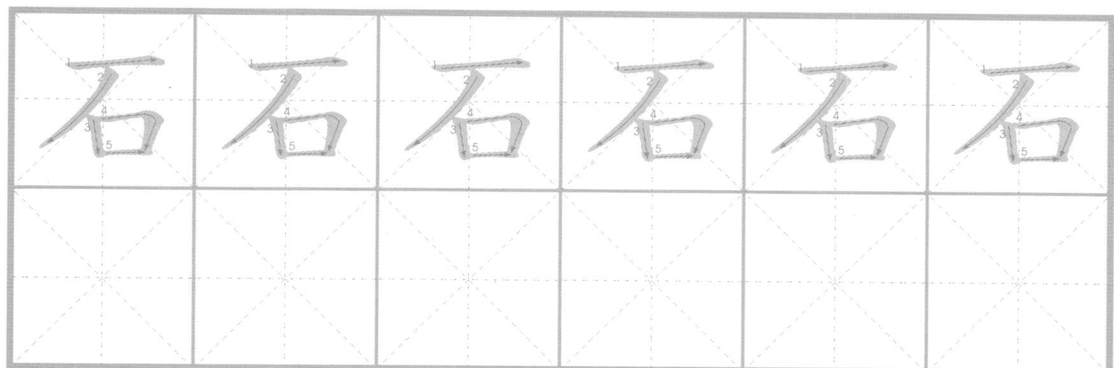

 玉石 : 옥돌. 옥과 돌이라는 뜻으로, 좋은 것과 나쁜 것을 구분함. 예문) 玉石을 가릴 줄 알아야 합니다.

여러분! 함께 공부해 봅시다.

한자의 유래

언덕(厂)과 돌멩이(口)를 합하여 언덕 아래 떨어져 있는 돌멩이, 곧 '돌'을 뜻함.

활용낱말

木石(목석) : ①나무와 돌. ②감정이 무디고 무뚝뚝한 사람을 비유하여 이르는 말.

石工(석공) : 돌의 세공을 전문으로 하는 사람.

forest

林	林	林	林	林	林

 山林 : 산과 숲, 또는 산에 있는 숲. 예문) 우리의 山林을 잘 관리해야 합니다.

여러분! 함께 공부해 봅시다.

한자의 유래

두 그루의 나무가 서 있는 모양. 그래서 나무가 한 곳에 많이 모여 있는 '수풀'이란 뜻을 나타냄.

활용낱말

山林(산림) : ①산과 숲. 산에 있는 숲.
②도회지에서 멀리 떨어져있는 산야(山野).

sheep

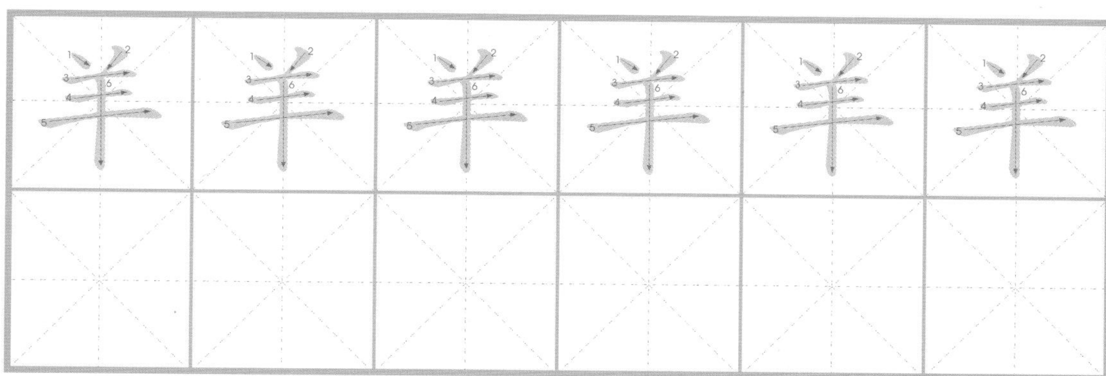

 白羊 : 털빛이 흰 양. 예문) 초원에서 白羊이 풀을 뜯고 있습니다.

양의 모양을 본뜬 글자.

山羊(산양) : 솟과의 동물. 산악 지대에 사는데, 암수 모두 끝이 뾰족한 뿔이 있으며, 털빛은 주로 회색 또는 다갈색임.

dog

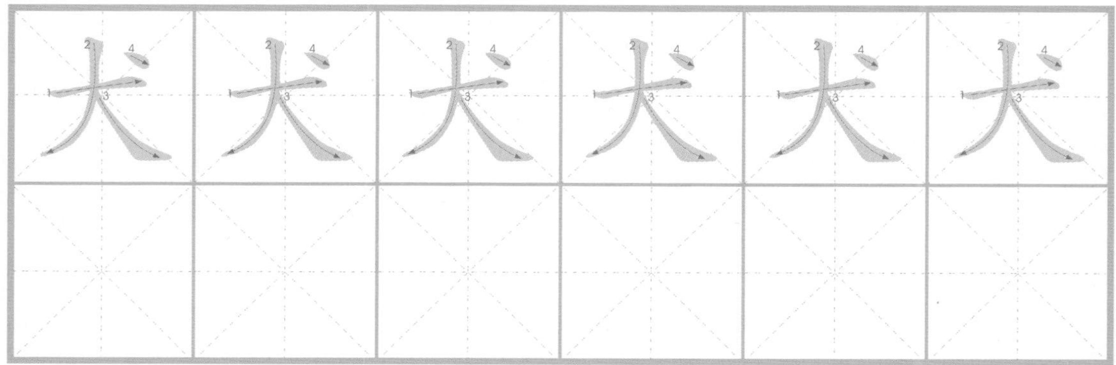

여러분! 함께 공부해 봅시다.

한자의 유래 개가 옆으로 보고 있는 모양을 본뜬 글자.

활용낱말

犬羊(견양) : 개와 양. 악한 사람과 착한 사람. 보잘것 없거나 하찮은 사람.

名犬(명견) : 혈통이 좋은 개. 이름난 개.

horse

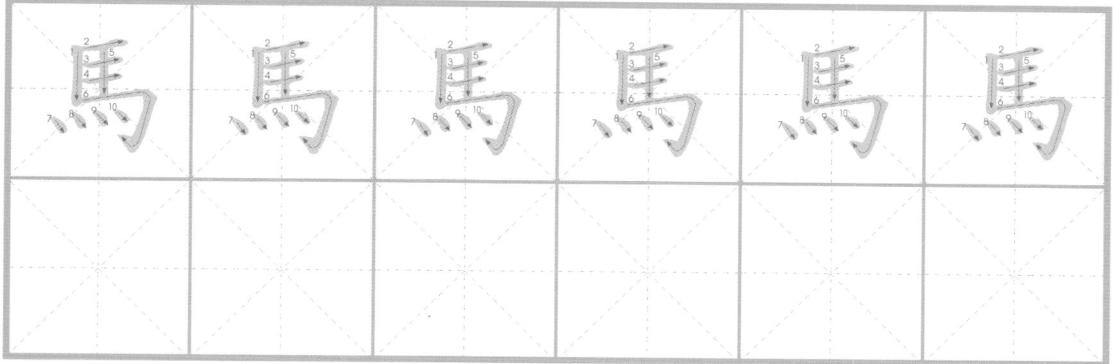

犬馬 : 개와 말. 개나 말과 같이 천하고 보잘것없다는 뜻으로, 자신에 관한 것을 낮추어 이르는 말.
예문) 당신을 위해서는 犬馬의 노력을 다하겠습니다.

여러분! 함께 공부해 봅시다.

한자의 유래 말의 머리, 갈기와 꼬리, 네다리를 본뜬 글자.

활용낱말
名馬(명마) : 이름난 말. 훌륭한 말.
牛馬(우마) : 소와 말.

OX, COW

牛	牛	牛	牛	牛	牛

여러분! 함께 공부해 봅시다.

한자의 유래 머리에는 두 뿔이 솟아 있으며, 꼬리를 늘어뜨리고 있는 소의 모양을 본뜬 글자.

활용낱말

牛羊(우양) : 소와 양.

牛足(우족) : 잡아서 각을 뜬 소의 발.

ear

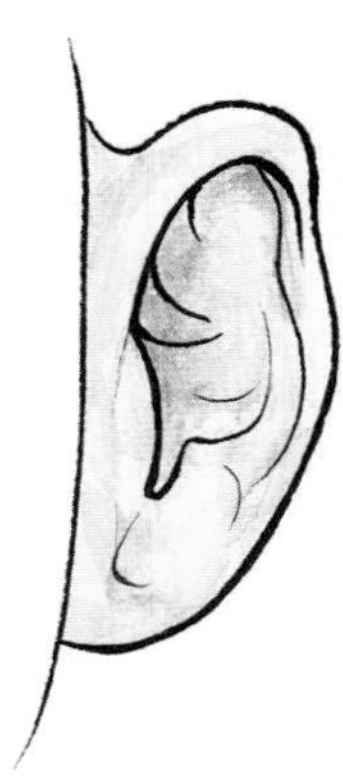

 牛耳 : 쇠귀. 우두머리. 예문) 어떤 모임의 牛耳가 되었습니다.

한자의 유래 사람의 귀의 모양을 본뜬 자로, 얼굴의 양쪽에 있다는 데서 솥, 냄비 등에 달리는 손잡이를 이르기도 함.

활용낱말

牛耳(우이) : 소의 귀. 우두머리.

耳目(이목) : ①귀와 눈을 아울러 이르는 말. ②주의나 관심.

확인학습 ⑤

그림에 알맞은 한자의 훈음을 고르시오.

보기	①임금 왕　②구슬 옥　③큰 대　④개 견

1. 犬 (　　　　)

2. 玉 (　　　　)

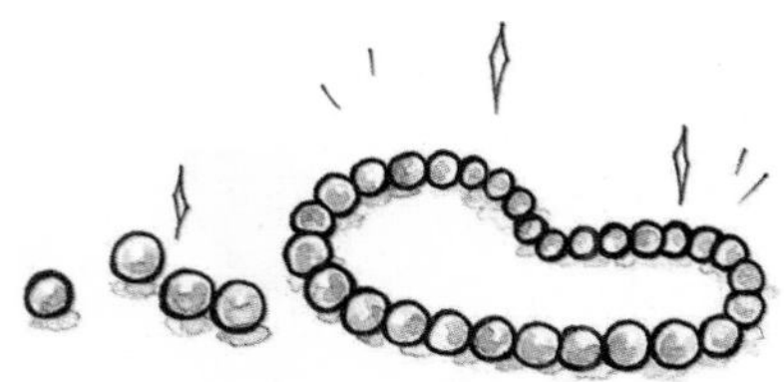

훈음에 맞는 한자를 고르시오.

보기	①牛　②羊　③林　④木

3. 소 우 (　　　　)　　4. 수풀 림 (　　　　)

물음에 알맞은 한자를 보기에서 골라 그 번호를 쓰시오.

보기	①馬	②耳	③石	④名

5. '사람의 귀 모양'을 본떠서 만든 한자는?

(　　　)

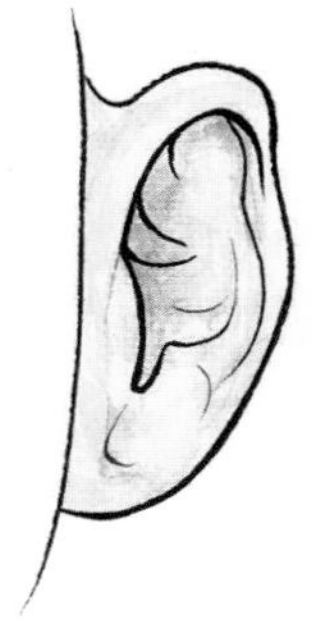

6. '玉'과 반대되는 뜻의 한자는?

(　　　)

밑줄 친 한자어를 바르게 읽어 봅시다.

7. 눈이 온 <u>天地</u>를 뒤덮었습니다. (　　　)

8. 우리의 <u>山林</u>을 잘 관리해야 합니다. (　　　)

stream

여러분! 함께 공부해 봅시다.

한자의 유래 흐르는 물, 내를 본뜬 모양으로, '내·강'의 뜻을 나타내며, 본래는 '巛'으로 쓰던 것이 직선으로 변함.

활용낱말

山川(산천) : ①산과 내. ②자연, 또는 자연의 경치.

山川魚(산천어) : 연어과의 민물고기, 몸은 송어와 비슷함.

fish

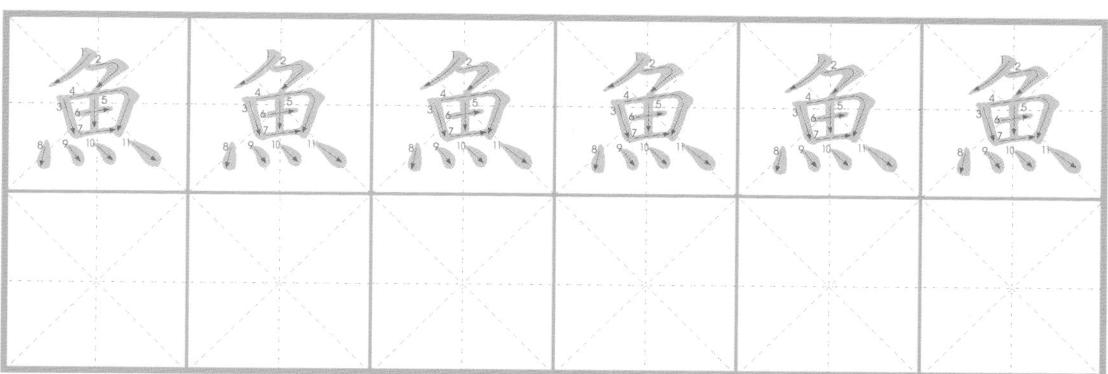

川魚 : 냇물에 사는 물고기.　예문) 물속에는 川魚들이 노닐고 있습니다.

여러분! 함께 공부해 봅시다.

한자의 유래 물고기의 모양을 본뜬 자.

활용낱말
北魚(북어) : 말린 명태. 건명태.
大魚(대어) : 큰 물고기.

body

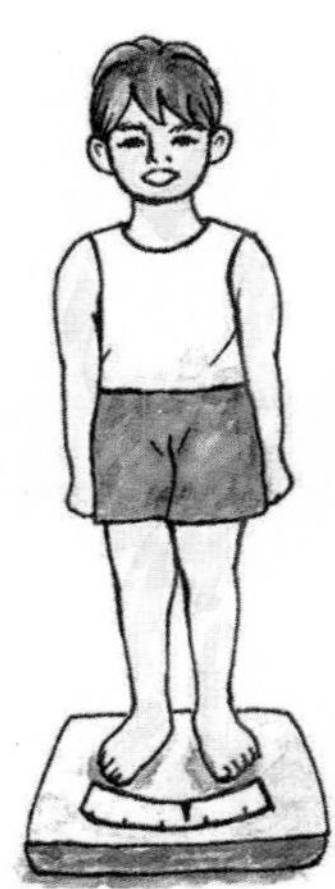

여러분! 함께 공부해 봅시다.

한자의 유래

실타래에서 당겨 놓은 구부러진 실 끝을 본뜬 자로, 처음을 뜻하며, 매사의 처음이라는 데서 '자기'의 뜻이 됨. 또 몸을 굽힌 모양을 본뜬 자라고 하여 '자기'를 뜻함.

활용낱말

自己(자기) : 그 사람 자신.

自(스스로자 - 준5급)

heart

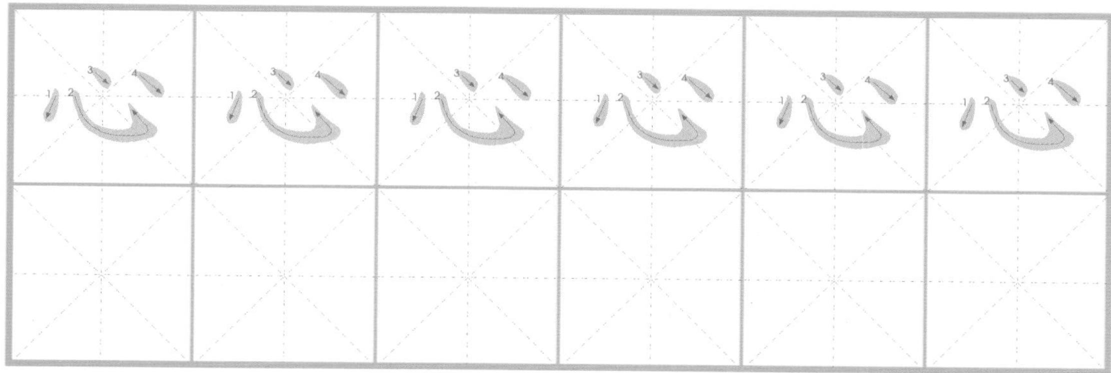

己心 : 자기의 마음. 예문) 己心을 알아주는 이가 진정한 친구입니다.

여러분! 함께 공부해 봅시다.

한자의 유래 심장의 모양을 본뜬 자로, 심장은 '마음'의 바탕이 된다고 생각하여 '감정·의지'등의 뜻을 나타냄.

활용낱말

心地(심지) : 마음의 바탕.

中心(중심) : 한가운데. 한복판.

first

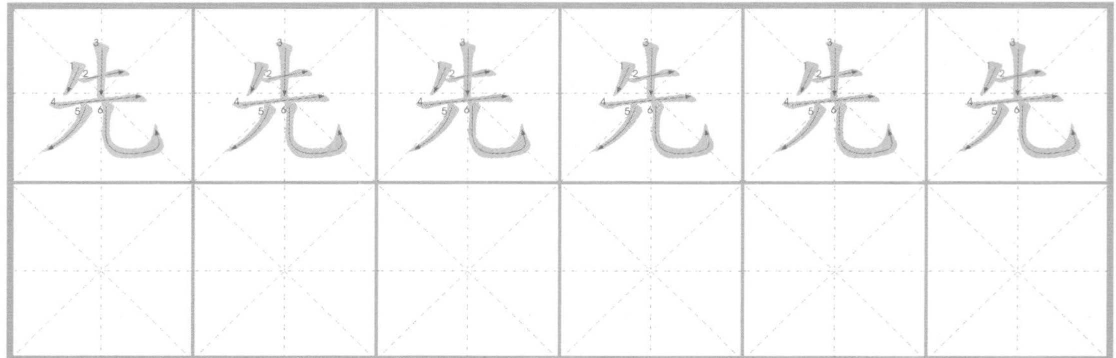

여러분! 함께 공부해 봅시다.

한자의유래

갈 지(之)에 어진사람 인(儿)을 합친 자로, 남보다 앞서 가는 사람이라는 데서 '먼저'등의 뜻을 나타냄.

활용낱말

先生(선생) : (남을) 가르치는 사람. 교사.
先金(선금) : (물건값이나 품삯 따위의 일부 또는 전부를)미리 치르는 돈.

live, born

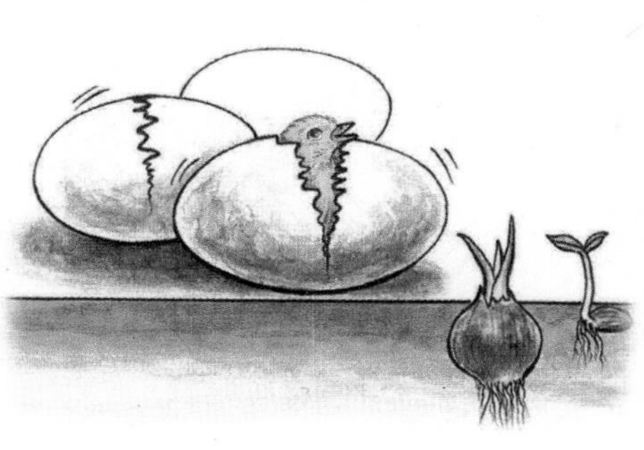

 先生 : 학생을 가르치는 사람. 예문) 나는 커서 음악 先生님이 되고 싶습니다.

한자의 유래 풀의 싹이 땅위에 나온 모양을 본뜬 자로, '나다', '살다'를 뜻함.

활용낱말
生日(생일) : 세상에 태어난 날.
門下生(문하생) : ①문하에서 가르침을 받는 제자.
②세도가에 드나드는 사람.

surname

성명		전화
김	길동	(02)
이		
박		
정		
한		
조		

姓	姓	姓	姓	姓	姓

한자의 유래

여자 녀(女)에 날 생(生)을 합친 자로, 여자가 자식을 낳아 한 조상으로부터 태어난 사람을 다른 사람과 구별하기 위하여 쓴 '성씨'를 나타냄.

활용낱말

姓名(성명) : 성씨와 이름.
百姓(백성) : ①'국민'의 예스러운 말.
②문벌이 높지 않은 여느 사람.

name

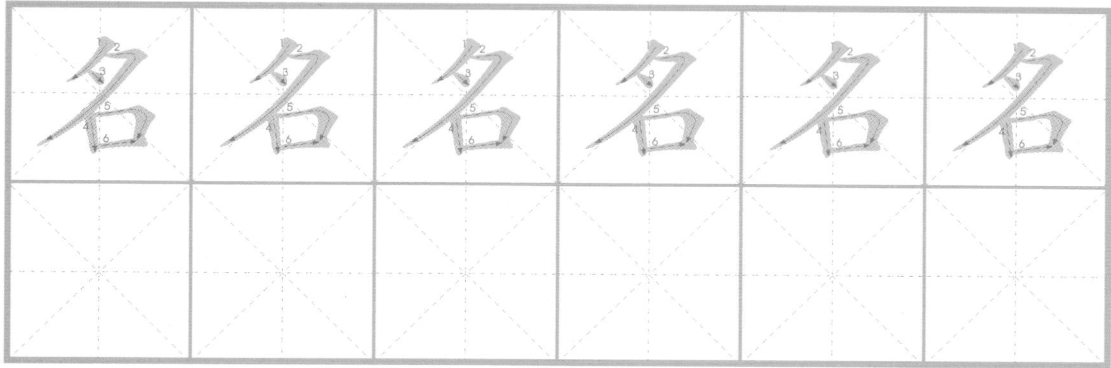

 姓名 : 성과 이름. 예문) 편지 봉투에 주소와 姓名을 적었습니다.

여러분! 함께 공부해 봅시다.

한자의 유래 저녁 석(夕)에 입 구(口)를 합친 자로, 저녁때는 어두워서 서로 잘 볼 수 없기 때문에 입으로 이름을 부르는 것.

활용낱말
名山(명산) : 이름난 산.
地名(지명) : 땅의 이름. 지방·지역 등의 이름.

thousand

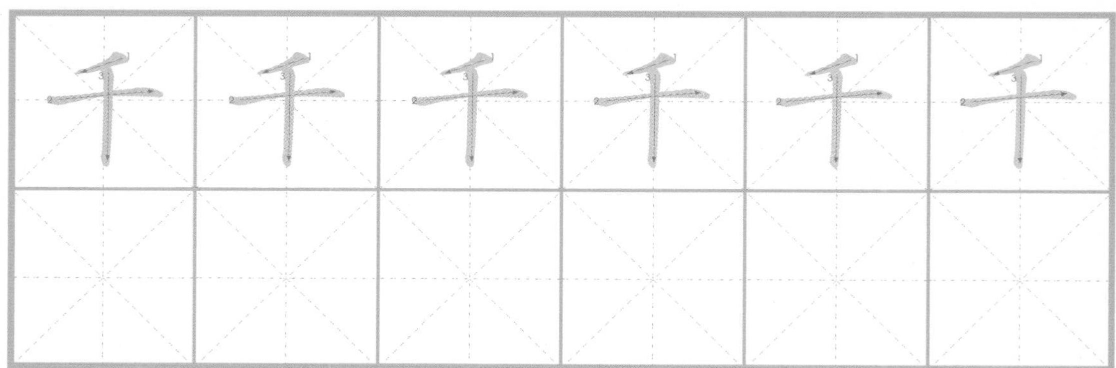

여러분! 함께 공부해 봅시다.

한자의 유래 사람 인(人)에 가로선을 그어 '일천'의 뜻을 나타냄.

활용낱말 千金(천금) : ①많은 돈. ②매우 귀중한 가치.
千年(천년) : '어느 세월에'라는 뜻을 나타내는 말.

hunderd

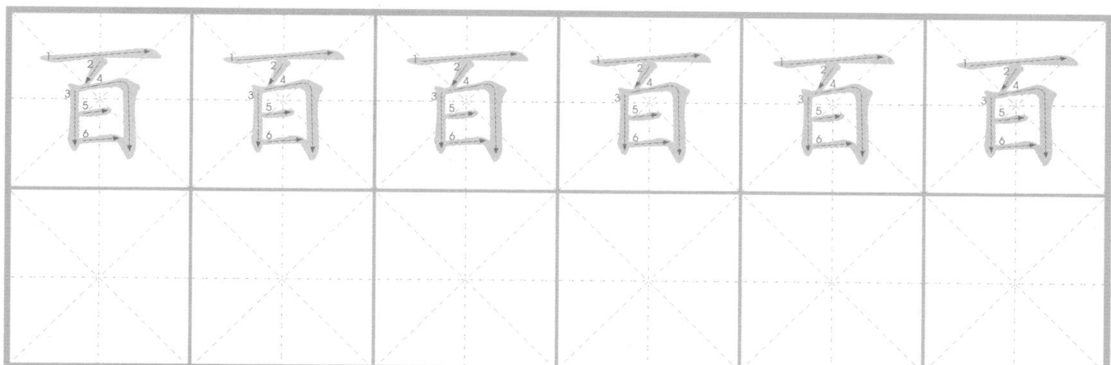

 千百 : 천 또는 백이라는 뜻으로, 많은 수를 이름. 예문) 千百가지 이상의 사물이 존재합니다.

한자의 유래

'쌀알', '촛불', '햇빛' 또는 '엄지손가락'을 본뜬 흰 백(白)이 여러가지 뜻을 지니게 되자 白의 형태를 변화시켜 숫자 '일백'을 나타내게 되었음.

활용낱말

百金(백금) : 많은 돈.

百年(백년) : ①오랜 세월. ②한 평생.

확인학습 ⑥

그림에 알맞은 한자의 훈음을 고르시오.

보기	①일천 천 ②열 십 ③흰 백 ④일백 백

1. 千 (　　　　)

2. 百 (　　　　)

훈음에 맞는 한자를 고르시오.

보기	①川 ②生 ③牛 ④三

3. 날 생 (　　　　)　　4. 내 천 (　　　　)

물음에 알맞은 한자를 보기에서 골라 그 번호를 쓰시오.

보기	①夫	②先	③魚	④馬

5. '물고기의 모양'을 본떠서 만든 한자는?

( )

6. '먼저 선'이라는 뜻과 음을 갖는 한자는?

( )

밑줄 친 한자어를 바르게 읽어 봅시다.

7. <u>己心</u>을 알아주는 이가 진정한 친구입니다. ( )

8. 편지 봉투에 주소와 <u>姓名</u>을 적었습니다. ( )

남녘 남	남자 남	북녘 북	여자 녀
(十, 총9획)	(田, 총7획)	(匕, 총5획)	(女, 총3획)

南男北女

우리나라에서 남자는 남부지방에서 여자는 북부지방에서 잘난 사람이 많다는 뜻.

예문) 우리나라에서는 옛부터 南男北女라는 말이 전해온다.

남자 남	왼 좌	여자 녀	오른 우
(田, 총7획)	(工, 총5획)	(女, 총3획)	(口, 총5획)

男左女右

음양설에서, 왼쪽이 양이고, 오른쪽이 음이라 하여 남자는 왼쪽을, 여자는 오른쪽을 소중히 여기는 일.

예문) 결혼식장에서 신랑 신부의 위치는 男左女右이다.

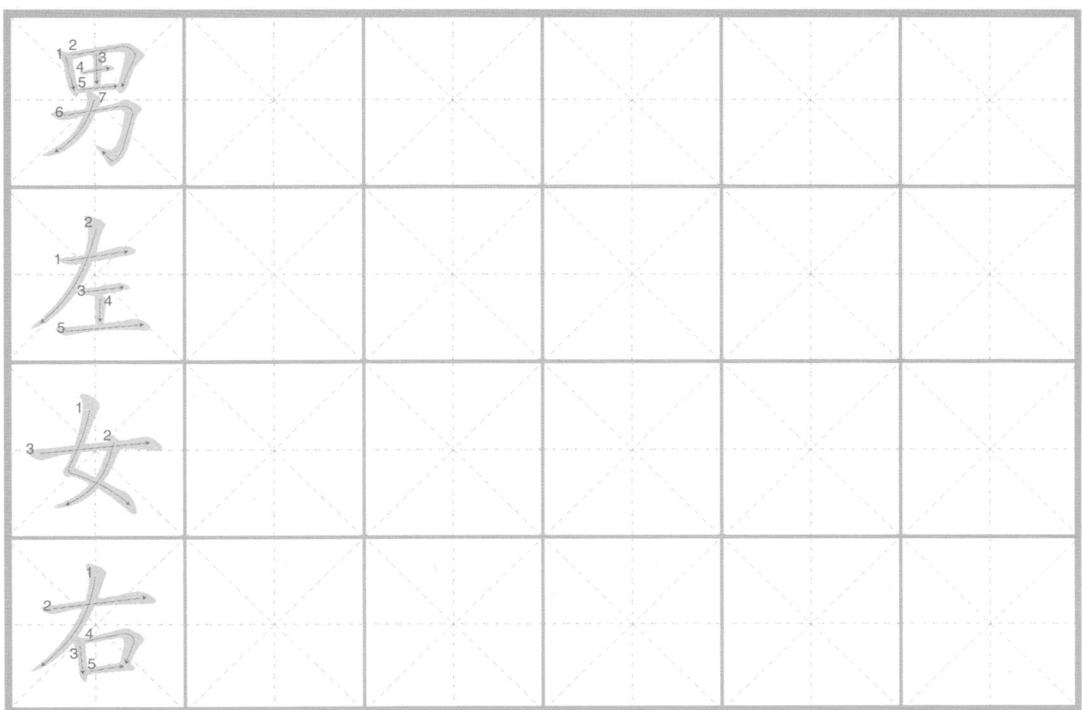

동녘 동	서녘 서	남녘 남	북녘 북
(木, 총8획)	(襾, 총6획)	(十, 총9획)	(匕, 총5획)

東西南北

동쪽, 서쪽, 남쪽, 북쪽(사방)

예문) 방위에서 東西南北을 사방(四方) 이라 한다.

東					
西					
南					
北					

名	山	大	川
이름 명	메 산	큰 대	내 천
(口, 총6획)	(山, 총3획)	(大, 총3획)	(巛, 총3획)

名山大川

경치 좋고 이름난 산천.

예문) 신라의 화랑들은 名山大川을 다니며 심신을 수련하였다.

석 삼
(一, 총3획)

석 삼
(一, 총3획)

다섯 오
(二, 총4획)

다섯 오
(二, 총4획)

三三五五

서너 사람 또는 대여섯 사람이 떼를 지어 다니거나 무슨 일을 하는 모양.

예문) 많은 사람들이 三三五五 거리를 거닐고 있다.

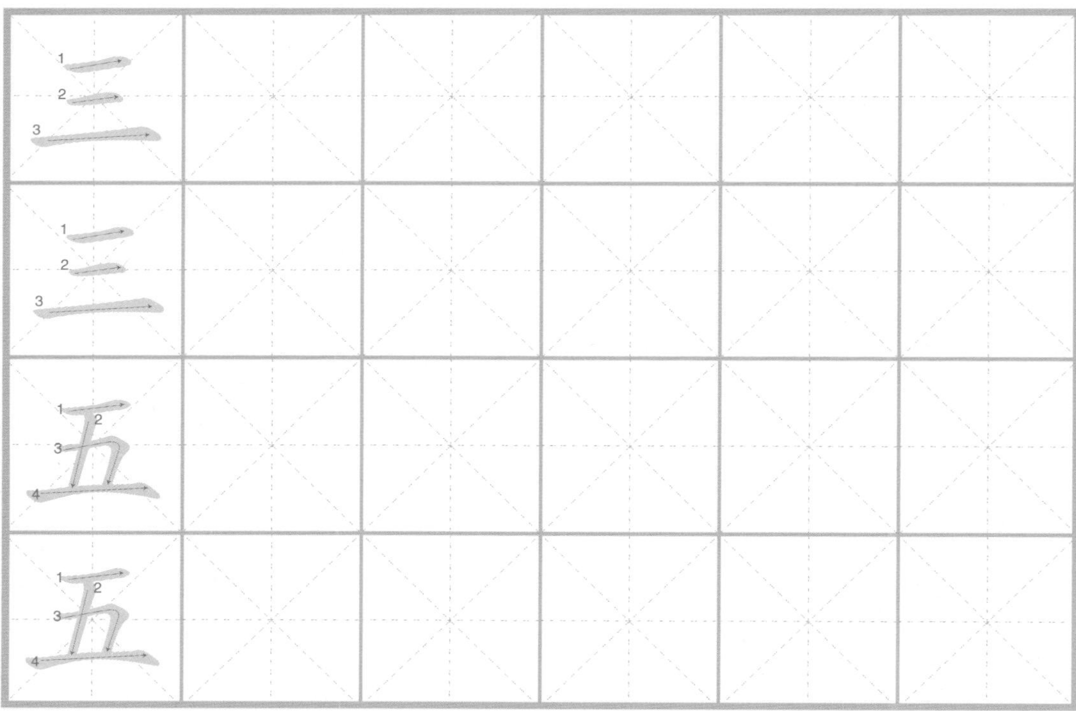

날 생	해 년	달 월	날 일
(生, 총5획)	(干, 총6획)	(月, 총4획)	(日, 총4획)

生年月日

출생한 해와 달과 날.

예문) 이력서에 성명, 주민등록번호, 生年月日, 주소, 취미 등을 기재하였다.

生					
年					
月					
日					

열 십
(十, 총2획)

가운데 중
(丨, 총4획)

여덟 팔
(八, 총2획)

아홉 구
(乙, 총2획)

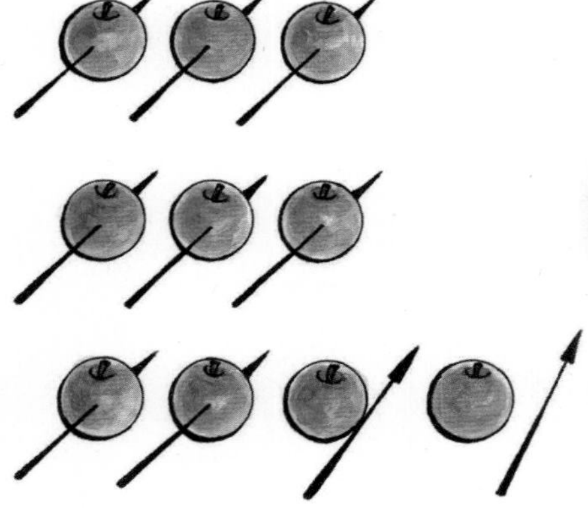

十中八九

열 가운데 여덟이나 아홉이 됨.

예문) 내 생각이 十中八九 들어맞았다.

푸를 청	하늘 천	흰 백	해 일
(靑, 총8획)	(大, 총4획)	(白, 총5획)	(日, 총4획)

靑天白日

푸른 하늘에 빛나는 해. 환하게 밝은 대낮. 밝은 세상. 마음에 꺼림칙한 것이 없음.

예문) 그들의 음모가 靑天白日하에 모든 것이 드러났다.

맏 형	아우 제	손 수	발 족
(儿, 총5획)	(弓, 총7획)	(手, 총4획)	(足, 총7획)

兄弟手足

형제는 내 몸의 손과 발 같아서 뗄래야 떼어 버릴 수 없는 관계임.

예문) 부모님께서 兄弟手足을 말씀하시면서 의좋게 지내라 하셨다.

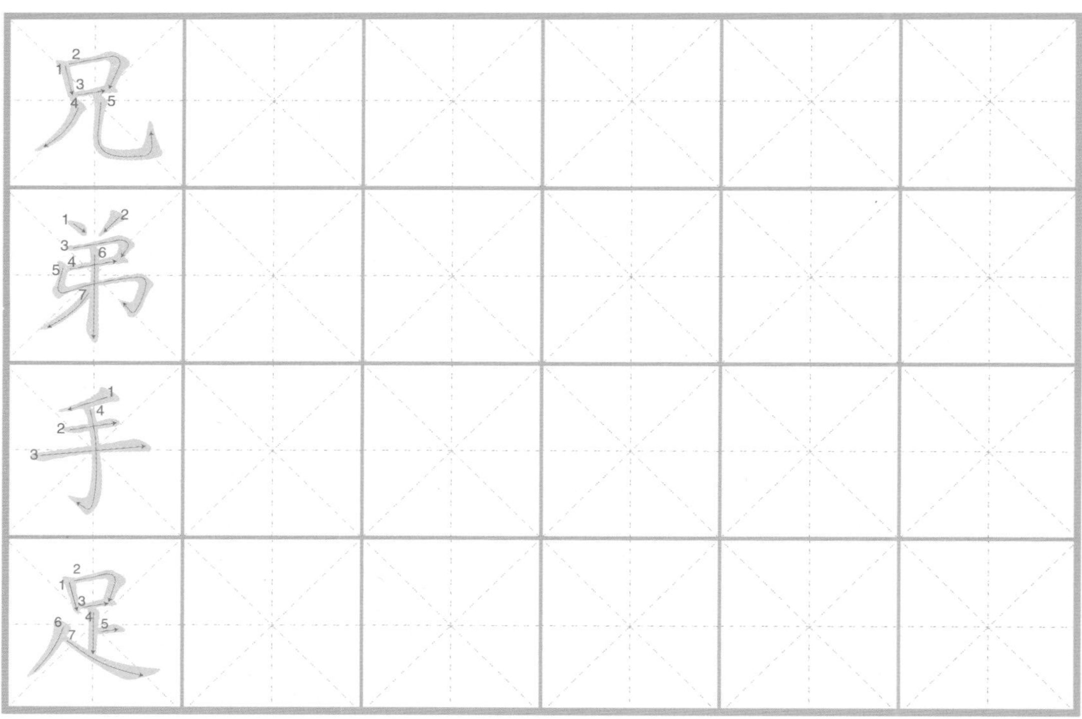

1. 대한검정회 선정한자 6급 표제훈음 영역
2. 부수 영역
3. 반의자 영역
4. 유의자 영역
5. 두음법칙자 영역
6. 이음동자 영역
7. 활음조 영역
8. 반의어 영역
9. 유의어 영역
10. 한자어 사전 영역

국가공인 대한검정회 선정한자

※표제훈음보다 자세한 것은 자전(옥편)을 찾아 익힙시다.

⑦江	강	강
⑥犬	개	견
⑧九	아홉	구
⑦口	입	구
⑧金	쇠	금
⑥己	몸	기
⑧南	남녘	남
⑧男	사내	남
⑦內	안	내
⑧女	여자	녀
⑦年	해	년
⑦大	큰	대
⑧東	동녘	동
⑧六	여섯	륙
⑥林	수풀	림
⑥馬	말	마
⑥名	이름	명
⑧母	어머니	모
⑧木	나무	목
⑦目	눈	목
⑧門	문	문
⑥百	일백	백
⑦白	흰	백
⑧父	아버지	부

⑧北	북녘	북
⑧四	넉	사
⑦山	메(뫼)	산
⑧三	석	삼
⑦上	위	상
⑥生	날	생
⑧西	서녘	서
⑥石	돌	석
⑥先	먼저	선
⑥姓	성씨	성
⑦小	작을	소
⑧水	물	수
⑦手	손	수
⑥心	마음	심
⑧十	열	십
⑥羊	양	양
⑥魚	물고기	어
⑧五	다섯	오
⑥玉	구슬	옥
⑦外	바깥	외
⑥牛	소	우
⑦右	오른	우
⑧月	달	월
⑥耳	귀	이

⑧二	두	이
⑧人	사람	인
⑧日	날	일
⑧一	한	일
⑦入	들	입
⑧子	아들	자
⑧弟	아우	제
⑦足	발	족
⑦左	왼	좌
⑦中	가운데	중
⑥地	땅	지
⑥川	내	천
⑥千	일천	천
⑥天	하늘	천
⑦靑	푸를	청
⑦出	날	출
⑧七	일곱	칠
⑧土	흙	토
⑧八	여덟	팔
⑦下	아래	하
⑧兄	맏	형
⑧火	불	화

※6급 선정한자(70字)를 각 부수의 해당 한자군(漢字群)별로 분류하였다.

부수(뜻 음)	해당한자
一(한 일)	一, 三, 七, 上, 下
丨(뚫을 곤)	中
乙(새 을)	九
二(두 이)	二, 五
人(사람 인)	人
儿(어진사람 인)	兄, 先
入(들 입)	入, 内
八(여덟 팔)	六, 八
凵(입벌릴감)	出
匕(비수 비)	北
十(열 십)	十, 南, 千
口(입 구)	口, 右, 名
囗(에울 위)	四
土(흙 토)	土, 地
夕(저녁 석)	外
大(큰 대)	大, 天
女(여자 녀)	女, 姓
子(아들 자)	子
小(작을 소)	小
山(메 산)	山
巛(내 천)	川
工(장인 공)	左
己(몸 기)	己
干(방패 간)	年
弓(활 궁)	弟
心(마음 심)	心

부수(뜻 음)	해당한자
手(손 수)	手
日(날 일)	日
月(달 월)	月
木(나무 목)	木, 東, 林
毋(말 무)	母
水(물 수)	水, 江
火(불 화)	火
父(아버지 부)	父
牛(소 우)	牛
犬(개 견)	犬
玉(구슬 옥)	玉
田(밭 전)	男
白(흰 백)	白, 百
目(눈 목)	目
生(날 생)	生
石(돌 석)	石
羊(양 양)	羊
耳(귀 이)	耳
襾(덮을 아)	西
足(발 족)	足
金(쇠 금)	金
門(문 문)	門
靑(푸를 청)	靑
馬(말 마)	馬
魚(물고기 어)	魚

※글자의 뜻이 서로 반대되거나 상대적인 뜻을 갖는 한자

江 ↔ 山	父 ↔ 母	子 ↔ 女
男 ↔ 女	山 ↔ 川	左 ↔ 右
南 ↔ 北	上 ↔ 下	天 ↔ 地
內 ↔ 外	手 ↔ 足	兄 ↔ 弟
大 ↔ 小	玉 ↔ 石	火 ↔ 水
東 ↔ 西	日 ↔ 月	

※글자의 뜻이 서로 비슷한 뜻을 갖는 한자

江 = 川	土 = 地

※글자의 첫음절이 변하여 다른 음으로 발음되는 한자

①원음 '녀'로 발음되는 예)男女(남녀), 子女(자녀)
②'여'로 발음되는 예)女子(여자), 女人(여인)

年
①원음 '년'으로 발음되는 예)一年(일년), 十年(십년)
②'연'으로 발음되는 예)年上(연상), 年下(연하)

六
①원음 '륙'으로 발음되는 예)五六(오륙), 三六(삼륙)
②'육'으로 발음되는 예)六日(육일), 六七(육칠)

林
①원음 '림'으로 발음되는 예)山林(산림), 少*林(소림)
②'임'으로 발음되는 예)林地(임지), 林氏*(임씨)

*少(적을소-준5급), 氏(성씨씨-4급)

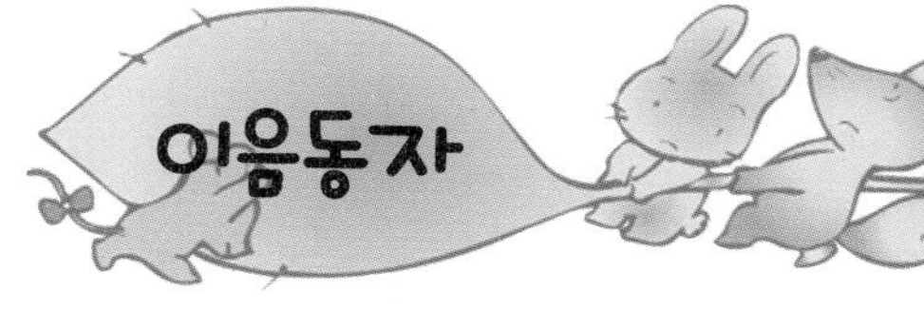

※한 글자가 여러 가지의 훈음을 갖는 한자

金
①쇠 금 : 一金(일금), 年金(연금)
②성 김 : 金九(김구), 金氏*(김씨)

內
①안 내 : 內室*(내실), 內外(내외)
②여관(女官)나 : 內人(나인)

父
①아버지 부 : 父母(부모), 父系*(부계)
②남자미칭보 : 亶*父(단보)

北
①북녘 북 : 南北(남북), 北門(북문)
②달아날배 : 敗*北(패배)

*氏(성씨씨-4급), 室(집실-5급), 系(이어맬계-준2급), 亶(믿을단-사범), 敗(패할패-4급)

※발음하기가 쉽고, 듣기 부드러운 소리로 되게 하는 음운 현상

五六月	오뉴월(○), 오륙월(×)
十月	시월(○), 십월(×)
初*八日	초파일(○), 초팔일(×)

*初(처음초-준4급)

※글자의 뜻이 서로 반대되거나 상대적인 뜻을 갖는 한자어

男子 ↔ 女子	門內 ↔ 門外	入口 ↔ 出口
內心 ↔ 外心	上手 ↔ 下手	左手 ↔ 右手
內地 ↔ 外地	年上 ↔ 年下	

※글자의 뜻이 서로 비슷한 뜻을 갖는 한자어

木手＝大木	門內＝門中	門人＝門下生

江南北(강남북): ①강의 남쪽과 북쪽. ②(서울의) 한강을 기준으로 한 지역이름. 강남. 강북.

江名(강명): 강의 이름.

江山(강산): ①(강과 산이라는 뜻으로) 자연의 경치를 이르는 말. ②강토.

江上(강상): ①강의 위. ②강의 기슭.

江水(강수): 강물.

江心(강심): 강의 한 가운데. 河心(하심).

犬羊(견양): 개와 양이라는 뜻으로, 악한 사람과 착한 사람을 이르는 말. 개와 양이라는 뜻으로, 보잘것없거나 하찮은 것을 이르는 말.

九年(구년): 아홉 해.

九月(구월): 한해의 아홉째 달.

九日(구일): ①한 달의 아홉째 날. ②예전 명절이었던 구월 구일로 이날 남자들은 시를 짓고, 가정에서는 국화전을 만들어 먹고 놀았음.

九天(구천): ①하늘의 가장 높은 곳. ②고대 중국에서, 하늘을 아홉 방위로 나누어 이르던 말. ③불교에서, 대지를 중심으로 하여 도는 아홉 天界(천계)를 이르는 말.

南大門(남대문): 서울에 있는 '숭례문'의 딴 이름.

男大生(남대생): 남자 대학생.

南山(남산): 남쪽에 있는 산.

男先生(남선생): 남자 선생.

男子(남자): ①남성인 사람. 사나이. ②남성다운 사내.

男中生(남중생): 남자 중학생.

南下(남하): 남쪽으로 내려감. 또는 내려옴.

內心(내:심): ①속마음. ②수학에서, 다각형에 있어서 모든 각의 이등분선이 만나는 점. ↔ 外心(외심).

內耳(내:이): 귀의 가장 안 부분. 중이의 안쪽에 위치하며, 소리를 감지하는 기관이 있음. 迷路(미로), 속귀. 안귀.

內子(내:자): (남과 이야기할 때) '자기의 아내'를 이르는 말.

內地(내:지): 해안이나 변지에서 멀리 떨어진, 국토의 안쪽 지역.

大東(대:동): 동방의 큰 나라라는 뜻으로, '우리나라'를 이르는 말.

大馬(대:마): (바둑에서) 한 덩어리를 이루어 자리를 크게 차지하는 많은 돌.

大木(대:목): ①나무를 다루어 집을 짓거나 기구를 만드는 일을 업으로 하는 사람. 木手(목수). ②큰 건축 일을 잘하는 목수.

大門(대:문): 큰 문.

大魚(대:어): 큰 물고기.

大人(대:인): ①어른. 성인. ②(흔히, 중국인들이 즐겨 쓰는 말로) '남의 아버지'. '높은 관리', '세력 있는 토호나 지주' 등을 높이어 일컫는 말.

大地(대:지): ('하늘'에 대하여) 대자연의 넓고 큰 땅.

大兄(대:형): ①대종교에서, '사교. 정교의 교직을 가진 사람'을 높이어 일컫는 말. ②고구려 때의 벼슬의 한 가지. 아홉 관계 중 오품관임.

東南(동남): 동쪽과 남쪽.

東大門(동대문): '흥인지문'의 다른 이름. 서울 도성(都城)의 동쪽 정문이라는 뜻.

東北(동북): 동쪽과 북쪽. 북동.

東西南北(동서남북): 동쪽·서쪽·남쪽·북쪽이라는 뜻으로, 모든 방향을 이르는 말.

名犬(명견): 혈통이 좋은 개. 이름난 개.

名馬(명마): 이름난 말. 훌륭한 말.

名目(명목): ①물건의 이름. 사물의 호칭. ②표면상 내세우는 이름. ③표면상의 이유나 구실. 명분(名分).

名門(명문): ①문벌이 좋은 집안. 명가(名家). ②'명문교(名門校)'의 준말.

名山(명산): 이름난 산.

名山大川(명산대천): 이름난 산과 큰 내.

名手(명수): (기능이나 기술 등에서) 뛰어난 솜씨를 가진 사람.

名人(명인): 어떤 기예에 뛰어나 유명한 사람. 달인(達人).

母女(모:녀): 어머니와 딸.

母子(모:자): 어머니와 아들.

木馬(목마): 나무로 만든 말.

木生火(목-생화): 오행설에서 이르는 상생의 하나. 나무는 불을 낳게 한다는 뜻.

木石(목석): ①나무와 돌. ②감정이 무디고 무뚝뚝한 사람을 비유하여 이르는 말.

木手(목수): 나무를 다루어 집을 짓거나 가구를 만드는 일을 업으로 하는 사람.

木魚(목어): 두드려 소리를 내는 기구로 '목탁'을 달리 일컫는 말.

目下(목하): 바로 이때. 지금.

門生(문생): = 문하생(門下生).

門人(문인): = 문하생(門下生).

門中(문중): 성과 본이 같은 가까운 집안. 문내(門內).

門下生(문하생): ①문하에서 가르침을 받는 제자. ②세도가에 드나드는 사람.

門下人(문하인): 권세가 있는 집에 드나드는 지위가 낮은 사람.

百金(백금): 많은 돈.

白金(백금): 금속원소 중에서 가장 무거운, 은백색의 귀금속 원소. 전성과 연성이 좋고 고온에서도 산화하지 않음. 장식품이나 이화학용 기계. 전극 등에 쓰임.

百年(백년): ①오랜 세월. ② 한 평생.

白馬(백마): 털빛이 흰 말. 흰말.

百姓(백성): ①'국민'의 예스러운 말. ②문벌이 높지 않은 여느 사람.

白羊(백양): 흰 양.

白玉(백옥): 흰 옥(구슬)

百人(백인): (제각기 성질이 다른) 많은 사람.

白人(백인): 백색 인종에 딸린 사람.

百日(백일): 백 날 동안. 100일.

百出(백출): 여러 가지로 많이 나옴.

白土(백토): 빛깔이 희고 부드러우며 고운 흙. 잔모래가 많이 섞인 흰 빛깔의 흙.

父女(부녀): 아버지와 딸.

父母(부모): 아버지와 어머니. 어버이. 양친.

父子(부자): 아버지와 아들.

父兄(부형): ①아버지와 형. ②학교에서, '학생(아동)의 보호자'를 두루 일컫는 말.

北大門(북대문): 서울 '숙정문'의 다른 이름.

北門(북문): 북쪽으로 낸 문.

北上(북상): 북쪽으로 올라감.

北魚(북어): 마른 명태. 건명태.

四大(사:대): ①불교에서, 땅·물·불·바람의 네 가지를 만물의 근원이라는 뜻에서 이르는 말. ②도교에서, 道(도)·天(천)·地(지)·王(왕)의 네 가지를 우주에 있는 가장 큰 것이라는 뜻에서 이르는 말. ③팔·다리·머리·몸통의 네 부분, 곧 사람의 육신.

四大門(사:대문): 조선 시대에 서울의 동서남북에 둔 네 대문, 곧 동의 흥인지문(興仁之文), 서의 돈의문(敦義門), 남의 숭례문(崇禮門), 북의 숙정문(肅靖門)을 일컬음.

四足(사:족): ①짐승의 네 발, 또는 네 발 달린 짐승. ②'사지(四肢)'를 낮추어 이르는 말.

山林(산림): ①산과 숲. 산에 있는 숲. ②도회지에서 멀리 떨어져 있는 산야(山野).

山門(산문): ①산의 어귀. ②절, 또는 절의 누문(樓門).

山上(산상): 산의 위. 뫼 쓰는 일을 하는 곳.

山水(산수): (산과 물이라는 뜻으로) ①자연의 경치. ②산에서 흘러내리는 물.

山羊(산양): 솟과의 동물. 산악 지대에 사는데, 몸길이 100~120㎝, 키 68~72㎝로 동작이 매우 재빠름. 암수 모두 끝이 뾰족한 뿔이 있으며, 털빛은 주로 회색 또는 다갈색임.

山中(산중): 산속.

山地(산지): ①산이 많고 들이 적은 지대. ②묏자리로 쓰기에 알맞은 땅. ③산으로 된 지형. 산달.

山川(산천): ①산과 내. ②자연, 또는 자연의 경치.

山川魚(산천어): 연어과의 민물고기, 몸은 송어와 비슷하여 몸의 길이는 40㎝정도이며, 등 쪽은 짙은 청색, 옆구리는 엷은 적갈색에 타원형의 얼룩무늬가 있다.

三男(삼남): ①세 아들. 삼 형제. ②셋째 아들.

三南(삼남): 충청도, 전라도, 경상도를 아울러 이르는 말.

三三五五(삼삼오오): 서너 사람 또는 대여섯 사람이 떼를 지어 다니거나 무슨 일을 함. 또는 그런 모양.

三人(삼인): 세 사람.

三日(삼일): 사흘.

三日天下(삼일천하): 개화당이 갑신정변으로 3일 동안 정권을 잡은 일. 정권을 잡았다가 짧은 기간 내에 밀려나게 됨을 이르는 말. 어떤 지위에 발탁·기용되었다가 며칠 못가서 떨어지는 일을 비유적으로 이르는 말.

三千(삼천): 불교의 천태종에서, 만유(萬有)를 통틀어 이르는 말.

三七日(삼칠일): 아이가 태어난 후 스무하루 동안. 또는 스무하루가 되는 날.

上手(상:수): 남보다 나은 솜씨나 수, 또는 그 사람. 고수(高手).

上中下(상:중하): ①위와 가운데와 아래. ②상등과 중등과 하등.

上下(상:하): ①위와 아래. 위아래. ②낫고 못함. ③윗사람과 아랫사람. ④하늘과 땅. ⑤높고 낮음. ⑥오르고 내림.

生男(생남): 아들을 낳음. 득남(得男).

生年月日(생년월일): 태어난 해와 달과 날.

生母(생모): (자기를)낳은 어머니. 친어머니.

生父(생부): 자기를 낳은 아버지. 친아버지.

生水(생수): 끓이거나 소독하거나 하지 않은 맑은 샘물.

西大門(서대문): 서울 '돈의문'의 다른 이름. 지금은 없어졌음.

西山(서산): 서쪽의 산.

石山(석산): 돌로 이루어진 산. 돌산.

石手(석수): 돌의 세공을 전문으로 하는 사람. 석공. 돌장이.

石耳(석이): 석이과에 딸린 버섯, 흔히 깊은 산의 바위 위에 남. 몸은 편평한 엽상체로서 가운데는 검은 빛이고 거칠며 가장자리는 회색으로 번들거림. 향기와 풍미가 있음. 석이버섯.

石火(석화): ①부시로 부싯돌을 쳤을 때 일어나는 불. ②돌이나 금속 따위가 세게 부딪혔을 때 일어나는 불. ③부싯돌의 불처럼 몹시 빠른 순간적인 동작 따위를 비유하여 이르는 말.

先金(선금): (물건 값이나 품삯 따위의 일부 또는 전부를) 미리 치르는 돈.

先山(선산): 조상의 무덤, 또는 무덤이 있는 곳.

先生(선생): ①(남을) 가르치는 사람. 교사. ②(성명이나 직명 따위의 뒤에 쓰이어) 그를 높이어 일컫는 말. ③어떤 일에 경험이 많거나 아는 것이 많은 사람.

先手(선수): ①남이 하기 전에 앞서 하는 일. 먼저 한 손찌검. 선손 ②(장기나 바둑에서) 먼저 두거나 상대편이 수를 쓰기 전에 먼저 수를 쓰는 일.

先人(선인): ①남에게, 돌아가신 자기의 아버지를 일컫는 말. ②선친. 조상. 선조(先祖).

先天(선천): 어떤 성질이나 체질을 태어날 때부터 몸에 지니고 있는 일.

姓名(성:명): 성과 이름. 성함(姓銜). 씨명(氏名).

小門(소:문): 작은 문.

小生(소:생): ①흔히 웃어른 앞에서, '자기'를 낮추어 이르는 말. ②왕조 때, 의정끼리 서로 '자기'를 겸손하게 이르던 말.

小心(소:심): ①도량이 좁음. ②대담하지 못하고 겁이 많음. 조심성이 많음.

小人(소:인): 윗사람에 대하여 자기를 낮추어 일컫는 말.

小子(소:자): 아들이 부모에 대하여 자기를 낮추어 일컫는 말.

水口門(수구문): 서울의 광희문(光熙門)을 일컬음.

水門(수문): 저수지나 수로(水路)에 설치하여 수량(水量)을 조절하는 문.

水上(수상): 물 위나 물의 상류.

水生木(수생목): 물에서 나무가 생긴다는 뜻으로, 오행설(五行說)에서 이른

상생(相生)의 하나.

手足(수족): ①손발. ②'손발처럼 마음대로 부리는 사람'을 비유하여 이르는 말.

水中(수중): 물속. 물 가운데.

手中(수중): ①손안. ②자신의 힘이 미칠 수 있는 범위.

手下(수하): ①손아래. ②부하

十年(십년): 십 해.

心中(심중): 마음속.

心地(심지): 마음의 바탕. = 심전(心田).

十月(시월): 한해의 열번째 달.

十日(십일): 열흘.

十中八九(십중팔구): 열 가운데 여덟이나 아홉이 됨.

十八金(십팔금): 금붙이의 순도를 나타내는 말.

羊馬石(양마석): 돌을 조각하여 만든 양과 말. 무덤 옆에 세움.

女大生(여대생): 여자 대학생을 줄여서 이르는 말.

女先生(여선생): 여자 선생.

女心(여심): 여자의 특유한 마음.

女子(여자): 여성인 사람. ↔ 남자(男子).

女中生(여중생): 여자 중학생.

年金(연금): 일정 기간 또는 종신에 걸쳐서 해마다 지급되는 일정액의 돈.

年內(연내): 올해 안.

年上(연상): (서로 비교하여) 나이가 많음, 또는 많은 그 사람. ↔ 연하(年下).

年中(연중): (그 해의) 한 해 동안.

年下(연하): 나이가 적음. 또는 그런 사람.

五目(오:목): 바둑판을 이용한 놀이의 한 가지.

五百(오:백): 오백(500).

五月(오:월): 한 해의 다섯째 달.

五六月(오:뉴월): 오월과 유월을 아울러 이르는 말.

五日(오:일): 닷새.

玉石(옥석): ①옥돌. ②(옥과 돌이라는 뜻으로) 좋은 것과 나쁜 것을 구분함을 이르는 말.

外大(외:대): 한국 외국어 대학교를 줄여서 부르는 말.

外耳(외:이): 청각 기관의 한 가지. 귓바퀴와 외이도(外耳道)로 이루어져 있으며, 음파를 중이(中耳)로 보내는 구실을 함. 겉귀.

外人(외:인): 한집안 식구 밖의 사람. 단체나 조직 따위의 동아리 밖에 있는 사람. 어떤 일에 관계없는 사람. = 외국인(外國人).

外地(외:지): 나라 밖의 땅. 식민지.

外出(외:출): (집이나 직장 등에서) 볼일을 보러 나감.

右手(우:수): 오른손. ↔ 좌수(左手).

牛耳(우이): 소의 귀.

右耳(우:이): 오른쪽 귀. ↔ 좌이(左耳).

右足(우:족): 오른쪽 발.

牛足(우족): 잡아서 각을 뜬 소의 발.

月內(월내): 한 달 안.

月下人(월하인): 중매하는 사람.

六月(유월): 한 해의 여섯째 달.

六日(육일): 엿새.

二年(이:년): 한해의 두 해.

耳目(이:목): ①귀와 눈, 또는 귀와 눈을 중심으로 한 얼굴의 생김새. ②다른 사람의 주의·주목.

二十(이:십): 스물(20).

二十四金(이:십사금): 금의 성분이 들어 있는 비율이 24분의 24인 금이라는 뜻으로, '순금'을 이르는 말.

二月(이:월): 일 년의 두 번째 달.

二人(이:인): 두 사람.

二日(이:일): 이틀.

二千(이:천): 이천(2000).

人口(인구): ①한 나라 또는 일정한 지역 안에 사는 사람의 수. ②세상 사람의 입.

人馬(인마): ①사람과 말. ②마부와 말.

人生(인생): ①목숨을 가지고 살아가는 사람. ②이 세상에서의 인간 생활.

人心(인심): ①사람의 마음. ②백성의 마음. ③남의 딱한 사정을 헤아려 주고 도와주는 마음.

人魚(인어): 상반신은 사람의 몸이며 하반신은 물고기의 몸인 상상의 동물.

人中(인중): 코와 윗입술 사이에 우묵하게 골이 진 부분.

一金(일금): 돈의 액수를 쓸 때 그 앞에 '돈'이란 뜻으로 쓰는 말.

一年(일년): 한해.

一大(일대): 사람의 일생.

一名(일명): 사물의 본 이름 외에 달리 일컫는 딴 이름.

一生(일생): 살아 있는 동안. 평생.

一月(일월): 정월. 한해의 가장 첫 번째 달.

日人(일인): 일본 사람.

一日(일일): 하루.

日中(일중): 정오 때. =일중식. 밤낮의 길이가 같은 때. 즉, 춘분과 추분을 이른다.

日出(일출): 해가 돋음. 해돋이. ↔ 일몰(日沒).

林木(임목): 숲을 이룬 나무.

林地(임지): 나무가 많이 자라고 있는 땅. 또는 임업(林業)의 대상이 되는 땅.

入口(입구): 들어가는 어귀. ↔ 출구(出口).

入金(입금): 돈이 들어옴, 또는 들어온 돈. ↔ 출금(出金).

入門(입문): ①스승을 따라 그 제자가 됨. ②어떤 학문을 배우려고 처음 들어감.

入手(입수): 손에 넣거나 손에 들어옴.

入水(입수): 물에 들어감.

入出金(입출금): 들어오는 돈과 나가는 돈.

子女(자녀): 아들과 딸. 아들딸.

子母(자모): 아들과 어머니. 모자(母子).

子弟(자제): 남의 집 아들을 높여 일컫는 말.

弟子(제:자): 스승의 가르침을 받거나 받은 사람. = 문도(門徒).

左手(좌:수): 왼손.

左右(좌:우): 왼쪽과 오른쪽.

左耳(좌:이): 왼쪽 귀.

中東(중동): (유럽을 기준으로 한) 극동과 극동의 중간 지역으로 곧, 지중해 연안의 서남아시아 및 이집트를 포함한 지역.

中心(중심): 한가운데. 한복판.

中外(중외): 안과 밖. 국내와 국외.

地金(지금): 제품으로 만들거나 세공하지 않은 황금.

地名(지명): 땅의 이름. 지방·지역 등의 이름.

地目(지목): 토지의 주된 사용 목적이나 성질 등에 따라 토지의 종류를 표시하는 명칭.

地下水(지하수): 땅속의 토사나 암석 따위의 사이를 채우고 있는 물. ↔ 지표수(地表水).

千金(천금): ①많은 돈. ②매우 귀중한 가치.

千年(천년): '어느 세월에'라는 뜻으로 나타내는 말.

天馬(천마): 옥황상제가 하늘에서 타고 다닌다는 말. 아라비아에서 나는 좋은 말.

千百(천백): 천 또는 백이라는 뜻으로, 많은 수를 이르는 말.

天上天下(천상천하): 하늘 위와 하늘 아래라는 뜻으로, 온 세상을 이르는 말.

天心(천심): 하늘의 뜻. 하늘의 한가운데.

川魚(천어): 냇물에 사는 물고기.

天子(천자): (천제의 아들이란 뜻으로) 천명을 받아 천하를 다스리는 사람, 곧 중국에서 황제를 일컫던 말.

天地(천지): 하늘과 땅.

天地人(천지인): 하늘과 땅과 사람을 일컬음.

天下(천하): 하늘 아래 온 세상. 한 나라 전체. 온 세상 또는 한 나라가 그 정권 밑에 속하는 일.

青年(청년): 젊은 사람. 젊은이.

青山(청산): (초목이 우거진) 푸른 산.

青魚(청어): 청어과의 바닷물고기.

青天白日(청천백일): 하늘이 맑게 갠 대낮. 맑은 하늘에 뜬 해. 혐의나 원죄(冤罪)가

풀리어 무죄가 됨.

出口(출구): 밖으로 나갈 수 있는 통로. '나가는 곳', '날목'으로 순화. = 출로(出路). 상품을 항구 밖으로 수출함.

出金(출금): 돈을 내어 쓰거나 내어 줌. 또는 그 돈.

出馬(출마): ①말을 타고 나감. ②(선거 따위에서) 입후보자로 나섬.

出門(출문): 문밖으로 나감. 집을 떠남.

出生(출생): 태아가 모체에서 태어남.

出生地(출생지): 출생한 땅.

出入口(출입구): 나가고 들어오는 문. 드나드는 어귀나 문.

出入門(출입문): 드나드는 문.

出土(출토): 땅속에 묻힌 것이 저절로 나오거나 파서 나옴.

七月(칠월): 한 해의 일곱째 달.

七日(칠일): 초이레.

七七日(칠칠일): 사십구일

七八月(칠팔월): 칠월과 팔월.

土木(토목): ①흙과 나무. ②목재나 철재·토석 등을 사용하여 도로나 다리·항만 따위를 건설하거나 그것을 유지하기 위한 공사 등을 통틀어 이르는 말.

土石(토석): 흙과 돌.

土人(토인): ①미개한 지역에 정착하여 원시적인 생활을 하고 있는 종족을 얕잡아 이르는 말. ②흑인(黑人)을 달리 이르는 말.

土地(토지): 땅이나 흙.

下女(하:녀): 여자 하인. 계집종.

下馬(하:마): 말에서 내림.

下山(하:산): 산에서 내려옴. ↔ 등산(登山).

下手(하:수): (바둑이나 장기 따위에서) 수가 아래임, 또는 그 사람. ↔ 상수(上手).

下手人(하:수인): ①손을 대어 직접 사람을 죽인 사람. ②남의 밑에서 졸개노릇 하는 사람.

下人(하:인): ①남자 종. ②남자 종과 여자 종을 통틀어 이르는 말.

兄弟(형제): 형과 아우를 아울러 이르는 말. =동기(同氣).

火木(화:목): 땔나무.

火山(화:산): 땅 속의 마그마가 밖으로 터져 나와 퇴적하여 이루어진 산.

火生土(화:생토): 음양오행설에서 이르는 상생의 하나. 불에서 흙이 생긴다는 뜻.

예상문제편
셋째마당

① 6급 예상문제

한자의 뜻과 음으로 바른 것을 고르시오.

1. 弟 (　　) ①강　강　②아우　재　③위　상　④아우　제
2. 七 (　　) ①불　화　②일곱　칠　③넉　사　④아홉　구
3. 天 (　　) ①작을　소　②하늘　천　③큰　대　④다섯　오
4. 水 (　　) ①손　수　②여섯　륙　③여자　녀　④물　수
5. 青 (　　) ①푸를　정　②열　십　③푸를　청　④아우　제
6. 小 (　　) ①해　일　②작을　소　③두　이　④아래　하
7. 子 (　　) ①아들　자　②해　년　③여자　녀　④한　일
8. 門 (　　) ①손　수　②들　입　③문　문　④여덟　팔
9. 内 (　　) ①바깥　외　②안　내　③입　구　④작을　소
10. 魚 (　　) ①물고기어　②서녘　서　③귀　이　④흰　백

뜻과 음에 알맞은 한자를 고르시오.

11. 입　구 (　　) ①日　②口　③月　④右
12. 바깥　외 (　　) ①下　②人　③外　④子
13. 서녘　서 (　　) ①四　②母　③江　④西
14. 여덟　팔 (　　) ①人　②木　③八　④水
15. 먼저　선 (　　) ①先　②二　③父　④小

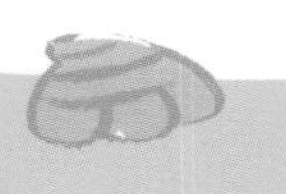

16. 오른 우 (　　) ①左 ②口 ③女 ④右
17. 불 화 (　　) ①五 ②火 ③門 ④南
18. 날 출 (　　) ①山 ②入 ③出 ④日
19. 두 이 (　　) ①三 ②五 ③十 ④二
20. 일천 천 (　　) ①千 ②下 ③上 ④山

물음에 알맞은 답을 고르시오.

21. '밭에 나가 농기구를 사용하여 힘써 일하는 사내라는 데서 남자'를 뜻하는 한자는? (　　)

①大 ②男 ③四 ④小

> 보기 | 22)부모님께서 23)出入하실 적에는 반드시 인사를 드린다.

22. 위의 밑줄 친 '부모'를 한자로 바르게 쓴 것은? (　　)

①父子 ②父女 ③父母 ④子女

23. 위의 밑줄 친 '出入'의 뜻으로 바른 것은? (　　)

①밖에 나가다 ②남자와 여자

③안과 바깥 ④나가고 들어오다

24. 밑줄 친 부분에 해당하는 한자가 잘못 쓰인 것은? (　　)

①문을 열고 닫음에 항상 조심한다. : 門

②어머니께서 맛있는 사과를 다섯 개 사오셨다. : 五

③노랑 반은 아홉 명으로 되어 있다. : 九

④사물을 바르게 보는 것은 눈이 하는 일이다. : 日

25. 한자의 총획이 바르지 못한 것은? ( )

①年-총5획 ②木-총4획

③五-총4획 ④北-총5획

26.'土'와 비슷한 뜻을 가진 한자는? ( )

①江 ②下 ③地 ④火

한자어를 바르게 읽은 것을 고르시오.

27. 門內 ( ) ①문안 ②안문 ③문내 ④내문

28. 四足 ( ) ①사족 ②사수 ③수족 ④족하

29. 月出 ( ) ①일출 ②출하 ③출일 ④월출

30. 己心 ( ) ①사심 ②기도 ③수심 ④기심

31. 入手 ( ) ①입산 ②입수 ③인출 ④인산

32. 女人 ( ) ①남인 ②여자 ③여인 ④남자

33. 耳目 ( ) ①이일 ②목하 ③일하 ④이목

34. 弟兄 ( ) ①제형 ②재형 ③형재 ④형제

한자어의 뜻으로 알맞은 것을 고르시오.

35. 東南 ( )

①동쪽과 서쪽. ②동쪽과 남쪽.

③남쪽과 북쪽. ④북쪽과 남쪽.

36. 弟子 (　　)

①스승의 가르침을 받거나 받은 사람. ②남의 집 아들을 높여 일컫는 말.

③어떤 학문을 배우려고 처음 들어감. ④해가 돋음.

낱말을 한자로 바르게 쓴 것을 고르시오.

37. 시월: 한해의 열 번째 달. (　　)

①十月 ②月日 ③日月 ④一月

38. 중년: 청년과 노인의 중간 나이. (　　)

①中下 ②上中 ③中人 ④中年

39. 소인: 윗사람에게 자기를 낮추어 일컫는 말. (　　)

①大小 ②小人 ③大人 ④大木

40. 하수: (가정이나 공장 같은데서) 쓰고 버리는 더러운 물. (　　)

①水中 ②火水 ③火中 ④下水

밑줄 친 한자어를 바르게 읽은 것을 고르시오.

41. 운동장에 六七명이 뛰어 놀고 있었다. (　　)

①육팔 ②륙칠 ③뉵칠 ④육칠

42. 南山위로 둥근 달이 떠올랐다. (　　)

①남산　②북산　③동산　④서산

43. 아주 오랜 옛날 土人들은 원시적인 생활을 하였다. (　　)

①토인　②인간　③인부　④이인

44. 돈을 찾을 때는 一金을 써야 옳은 방법이다. (　　)

①금일　②일김　③일금　④김일

밑줄 친 부분을 한자로 바르게 쓴 것을 고르시오.

보기 | 45)좌우의 팀이 46)청백으로 나뉘어 재밌는 놀이를 하였다.

45. 좌우 (　　)

①左右　②左手　③右手　④手足

46. 청백 (　　)

①青山　②山青　③青白　④白青

물음에 알맞은 답을 고르시오.

47. '네 방향'을 가리키는 "東-西-南-□"에서 □안에 들어갈 한자로 바른 것은?

(　　)

①手　②北　③足　④出

48. '年下'와 반대(상대)되는 뜻을 가진 한자어로 바른 것은? ( )

①上下 ②下上 ③年年 ④年上

49. '三三五五'의 뜻이 문장에서 가장 알맞게 쓰인 것은? ( )

①나와 동생은 三三五五 이야기꽃을 피웠다.

②친구랑 사이좋게 三三五五 도와주었다.

③점심 식사가 끝난 후 三三五五 앉아 책을 보고 있었다.

④나는 친구와 둘이서 三三五五 축구를 하였다.

50. 우리의 생활 태도로 바르지 못한 것은? ( )

①父母님의 심부름을 잘한다.

②兄弟간에 사이좋게 지낸다.

③大母(할머니)님의 말씀을 잘 듣는다.

④맛있는 반찬이 없다고 父母님께 투정부린다.

② 6급 예상문제

 한자의 뜻과 음으로 바른 것을 고르시오.

1. 木 (　　) ①작을 소 ②열 십 ③나무 목 ④불 화
2. 上 (　　) ①일곱 칠 ②위 상 ③입 구 ④한 일
3. 江 (　　) ①아우 제 ②푸를 청 ③날 일 ④강 강
4. 年 (　　) ①열 십 ②어미 모 ③석 삼 ④해 년
5. 川 (　　) ①내 천 ②물 수 ③여섯 륙 ④북녘 북
6. 土 (　　) ①메 산 ②아들 자 ③흙 토 ④두 이
7. 玉 (　　) ①아버지부 ②구슬 옥 ③사람 인 ④여덟 팔
8. 金 (　　) ①쇠 금 ②안 내 ③흰 백 ④서녘 서
9. 右 (　　) ①맏 형 ②사내 남 ③오른 우 ④달 월
10. 九 (　　) ①왼 좌 ②아홉 구 ③발 족 ④다섯 오

 뜻과 음에 알맞은 한자를 고르시오.

11. 들 입 (　　) ①八 ②人 ③入 ④火
12. 가운데중 (　　) ①兄 ②中 ③口 ④足
13. 동녘 동 (　　) ①東 ②青 ③弟 ④五
14. 문 문 (　　) ①男 ②北 ③門 ④南
15. 수풀 림 (　　) ①左 ②六 ③外 ④林

16. 손 수 (　　) ①女 ②子 ③手 ④父

17. 달 월 (　　) ①月 ②目 ③母 ④日

18. 일백 백 (　　) ①西 ②四 ③白 ④百

19. 아래 하 (　　) ①一 ②下 ③十 ④二

20. 소 우 (　　) ①牛 ②山 ③七 ④小

물음에 알맞은 답을 고르시오.

21.'사람의 입 모양'을 본떠 만든 한자는? (　　)

①内 ②白 ③日 ④口

> **보기** 22)父母님께는 효도하고 23)兄弟간에는 사이좋게 지내야 합니다.

22. 위의 밑줄 친 '父母'를 바르게 읽은 것은? (　　)

①부녀 ②부모 ③부부 ④부자

23. 위의 밑줄 친 '兄弟'의 뜻으로 알맞은 것은? (　　)

①큰 형과 작은 형. ②아버지와 형.

③형과 아우. ④할아버지와 할머니.

24. 밑줄 친 부분에 해당하는 한자가 잘못 쓰인 것은? (　　)

①누나는 호빵 하나를 나에게 주었다. : 一

②나는 커서 훌륭한 사람이 되고 싶다. : 人

③용감하고 씩씩한 남자 어린이다. : 南

④내년이면 동생은 여섯 살이 된다. : 六

25. 한자의 총획이 바르지 못한 것은? ( )

①九-총2획 ②女-총3획

③下-총3획 ④足-총8획

26.'水'와 반대(상대)되는 뜻을 가진 한자는? ( )

①火 ②右 ③小 ④二

한자어를 바르게 읽은 것을 고르시오.

27. 土木 ( ) ①토수 ②상수 ③토목 ④상목

28. 青年 ( ) ①정년 ②청년 ③정련 ④청련

29. 白金 ( ) ①박문 ②박금 ③백문 ④백금

30. 江山 ( ) ①강수 ②공수 ③강산 ④공산

31. 人口 ( ) ①인구 ②입구 ③팔구 ④대구

32. 中東 ( ) ①중앙 ②중동 ③중국 ④중식

33. 三男 ( ) ①삼녀 ②삼력 ③삼남 ④옥남

34. 子女 ( ) ①여자 ②자녀 ③자모 ④자식

한자어의 뜻으로 알맞은 것을 고르시오.

35. 内外 ( )

①대문의 안. ②다른 나라 사람.

③안과 밖. ④집안에 있는 외국사람.

36. 五目 (　　　)

①닷새.　　②바둑판을 이용한 놀이.

③오월과 유월.　　④한 해의 다섯째 달.

낱말을 한자로 바르게 쓴 것을 고르시오.

37. 청산: 풀과 나무가 무성한 푸른 산. (　　　)

①青白　②青山　③青木　④火山

38. 대소: 크고 작음. (　　　)

①小人　②大人　③大木　④大小

39. 하수: 낮은 재주나 솜씨. (　　　)

①手下　②手足　③下手　④上手

40. 소녀: 키나 몸집이 작은 여자아이. (　　　)

①小女　②小木　③江山　④小子

밑줄 친 한자어를 바르게 읽은 것을 고르시오.

41. 일주일은 <u>七日</u>이다. (　　　)

①칠일　②칠월　③육일　④유월

42. 올림픽은 四年마다 열린다. (　　)

①사연 ②사년 ③서연 ④서년

43. 우리 반은 男子아이가 조금 더 많다. (　　)

①남남 ②남녀 ③남자 ④여자

44. 댐의 水門을 열어 물의 양을 조절한다. (　　)

①강수 ②강물 ③수중 ④수문

밑줄 친 부분을 한자로 바르게 쓴 것을 고르시오.

보기 | 지난 45)시월에는 46)일출을 보기 위해 정동진으로 가족 여행을 갔었다.

45. 시월 (　　)

①十日 ②九日 ③十月 ④九月

46. 일출 (　　)

①日月 ②月日 ③月出 ④日出

물음에 알맞은 답을 고르시오.

47. '入金'과 반대되는 뜻을 가진 한자어로 바른 것은? (　　)

①出入 ②出金 ③入出 ④出土

48. 다음에서 가장 작은 수의 한자는? (　　)

①六　　②三　　③五　　④二

49. '東西南北'의 뜻으로 알맞은 것은? (　　)

①동쪽으로 뛰고 서쪽으로 뛴다는 뜻으로, 몹시 바쁨.

②동쪽·서쪽·남쪽·북쪽이라는 뜻으로, 모든 방향.

③동쪽 집에서 밥 먹고 서쪽 집에서 잠을 잠.

④남쪽 남자와 북쪽 여자를 가리킴.

50. 평소의 행동으로 바르지 <u>못한</u> 것은? (　　)

①兄이나 누나와 사이좋게 지낸다.

②횡단보도를 건널 때에는 左右를 살피고 건넌다.

③장난삼아 다른 사람의 大門을 발로 차고 다닌다.

④外出할 때에는 부모님께 말씀을 드린다.

③ 6급 예상문제

한자의 뜻과 음으로 바른 것을 고르시오.

1. 手 (   ) ①큰 대 ②두 이 ③석 삼 ④손 수
2. 犬 (   ) ①아래 하 ②나무 목 ③아버지부 ④개 견
3. 十 (   ) ①일천 천 ②열 십 ③눈 목 ④한 일
4. 百 (   ) ①흰 백 ②날 일 ③일백 백 ④달 월
5. 足 (   ) ①동녘 동 ②발 족 ③아우 제 ④맏 형
6. 目 (   ) ①입 구 ②동녘 동 ③눈 목 ④아들 자
7. 男 (   ) ①사내 남 ②말 마 ③쇠 금 ④힘 력
8. 地 (   ) ①땅 지 ②흙 토 ③나무 목 ④불 화
9. 出 (   ) ①왼 좌 ②메 산 ③북녘 북 ④날 출
10. 四 (   ) ①넉 사 ②서녘 서 ③안 내 ④입 구

뜻과 음에 알맞은 한자를 고르시오.

11. 이름 명 (   ) ①口 ②兄 ③名 ④足
12. 돌 석 (   ) ①左 ②女 ③右 ④石
13. 해 년 (   ) ①年 ②弟 ③十 ④東
14. 위 상 (   ) ①七 ②上 ③下 ④一
15. 아홉 구 (   ) ①火 ②山 ③九 ④小

16. 구슬 옥 (　　) ①三 ②北 ③五 ④玉

17. 어머니모 (　　) ①目 ②母 ③日 ④白

18. 날 생 (　　) ①生 ②人 ③大 ④八

19. 귀 이 (　　) ①月 ②父 ③耳 ④外

20. 남녘 남 (　　) ①西 ②南 ③内 ④男

물음에 알맞은 답을 고르시오.

21. '땅 위에 우뚝 솟아난 세 개의 산봉우리 모양'을 본떠 만든 한자는? (　　)

①火 ②山 ③水 ④三

보기

22)六月 23)六日 현충일은 나라를 위하여 싸우다 숨진 장병과 순국선열들을 기리기 위한 날이다.

22. 위의 밑줄 친 '六月'을 바르게 읽은 것은? (　　)

①육월 ②륙월 ③유월 ④류월

23. 위의 밑줄 친 '六日'에서 '六'의 뜻과 음으로 바른 것은? (　　)

①여섯류 ②여섯육 ③여섯뉴 ④여섯뉵

24. 밑줄 친 부분에 해당하는 한자가 잘못 쓰인 것은? (　　)

①나무 그늘 아래에서 책을 읽었다. : 下

②우리 반 여자 아이들이 노래를 불렀다. : 女

③남을 돕는 훌륭한 사람이 되고 싶다. : 八

④하나에 둘을 더하면 셋이 된다. : 一

25. 한자의 총획이 바르지 못한 것은? (　　)

①西-총7획　②目-총5획
③口-총3획　④母-총5획

26. '大'와 반대(상대)되는 뜻을 가진 한자는? (　　)

①二　②人　③十　④小

한자어를 바르게 읽은 것을 고르시오.

27. 江北 (　　) ①공북 ②강남 ③공수 ④강북
28. 弟子 (　　) ①제자 ②제수 ③자제 ④자수
29. 水火 (　　) ①소화 ②수화 ③소인 ④수하
30. 七年 (　　) ①칠년 ②구년 ③칠연 ④구연
31. 木手 (　　) ①목하 ②소수 ③목수 ④수수
32. 四足 (　　) ①서족 ②사족 ③서형 ④사형
33. 左右 (　　) ①토우 ②화구 ③좌우 ④공구
34. 土人 (　　) ①왕인 ②토팔 ③상인 ④토인

한자어의 뜻으로 알맞은 것을 고르시오.

35. 父兄 (　　)

①아버지와 형.　②아버지와 동생.
③큰아버지.　④형과 동생.

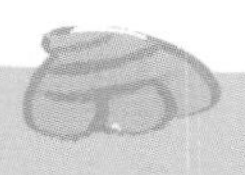

36. 白日 (　　)

①푸른 하늘. ②청색과 백색.

③밝게 빛나는 해. ④푸른 강.

낱말을 한자로 바르게 쓴 것을 고르시오.

37. 자녀: 아들과 딸. (　　)

①小女 ②子女 ③小子 ④女子

38. 내외: 안과 밖. (　　)

①內外 ②外內 ③四人 ④內人

39. 청산: 풀과 나무가 무성한 푸른 산. (　　)

①山青 ②山水 ③青山 ④西山

40. 입구: 들어가는 통로. (　　)

①人門 ②人口 ③入門 ④入口

밑줄 친 한자어를 바르게 읽은 것을 고르시오.

41. 바람이 <u>東南</u>쪽에서 불어오고 있다. (　　)

①동북 ②남동 ③동남 ④남서

42. 그는 天心이 착한 사람이다. (　　)

①천심　②천지　③대심　④대심

43. 둘째 아들을 二男이라고도 한다. (　　)

①삼남　②이남　③삼력　④이력

44. 할머니의 손가락에 白金반지가 끼워져 있었다. (　　)

①백김　②일금　③백일　④백금

밑줄 친 부분을 한자로 바르게 쓴 것을 고르시오.

> 보기
> 45)외출했다 집에 돌아와서는 반드시 46)수족과 얼굴 등을 깨끗이 씻어야 한다.

45. 외출 (　　)

①外出　②出入　③外人　④入出

46. 수족 (　　)

①手兄　②水兄　③手足　④水足

물음에 알맞은 답을 고르시오.

47.'門內'와 반대(상대)되는 뜻을 가진 한자어로 바른 것은? (　　)

①內外　②門下　③門中　④門外

48."두 사람이 바둑판에 바둑돌을 놓아 겨루는 놀이"를 무엇이라 하는가? ( )

①五日 ②目下 ③五目 ④五月

49.'十中八九'의 뜻으로 알맞은 것은? ( )

①열은 여덟과 아홉보다는 큼.

②열 가운데 여덟이나 아홉이 됨.

③여덟이나 아홉 명으로 무리지어 다님.

④많은 사람들이 힘을 합침.

50. 父母님을 대하는 태도로 바르지 못한 것은? ( )

①父母님의 일을 도와드리려고 노력한다.

②어버이의 날에만 父母님께 감사한다.

③父母님의 말씀을 이해하고 잘 따른다.

④父母님께 공손한 태도로 이야기 한다.

④ 6급 예상문제

 한자의 뜻과 음으로 바른 것을 고르시오.

1. 大 ( ) ①한 일 ②들 입 ③석 삼 ④큰 대
2. 姓 ( ) ①성씨 성 ②바깥 외 ③열 십 ④다섯 오
3. 南 ( ) ①사내 남 ②넉 사 ③남녘 남 ④눈 목
4. 六 ( ) ①여덟 팔 ②여섯 륙 ③두 이 ④동녘 동
5. 父 ( ) ①아버지부 ②아들 자 ③물 수 ④메 산
6. 林 ( ) ①아래 하 ②흙 토 ③수풀 림 ④일곱 칠
7. 外 ( ) ①가운데중 ②서녘 서 ③달 월 ④바깥 외
8. 日 ( ) ①입 구 ②날 일 ③어머니모 ④오른 우
9. 馬 ( ) ①북녘 북 ②강 강 ③말 마 ④맏 형
10. 火 ( ) ①안 내 ②쇠 금 ③아홉 구 ④불 화

 뜻과 음에 알맞은 한자를 고르시오.

11. 흰 백 ( ) ①四 ②白 ③目 ④口
12. 왼 좌 ( ) ①北 ②右 ③左 ④江
13. 사람 인 ( ) ①入 ②八 ③人 ④九
14. 발 족 ( ) ①足 ②中 ③東 ④兄
15. 작을 소 ( ) ①水 ②小 ③山 ④下

16. 양　　양 (　　　) ①七　②土　③五　④羊

17. 푸를　청 (　　　) ①青　②母　③月　④西

18. 하늘　천 (　　　) ①三　②子　③天　④手

19. 여자　녀 (　　　) ①木　②女　③一　④十

20. 물고기 어 (　　　) ①内　②金　③男　④魚

물음에 알맞은 답을 고르시오.

21. '나무의 가지와 뿌리를 갖추고 서 있는 모양'을 본떠 만든 한자는? (　　　)

①水　②木　③火　④小

> **보기** 우리 동네 가게의 22)金씨 아저씨는 23)三男一女의 자식을 두었다.

22. 위의 밑줄 친 '金씨'에서 '金'의 뜻과 음으로 바른 것은? (　　　)

①성 김　②성 금　③쇠 김　④쇠 금

23. 위의 밑줄 친 '三男一女'를 바르게 읽은 것은? (　　　)

①삼나일여　②삼남일여　③삼람일녀　④삼남일녀

24. 밑줄 친 부분에 해당하는 한자가 잘못 쓰인 것은? (　　　)

①이 강은 북쪽에서 남쪽으로 흐른다. : 北

②아궁이에 불을 때서 밥을 하였다. : 小

③일곱 빛깔의 고운 무지개를 보았다. : 七

④입 안을 물로 여러 번 헹구었다. : 水

25. 한자의 총획이 바르지 못한 것은? (　　)

①左-총5획　　②九-총2획

③五-총5획　　④六-총4획

26. '内'와 반대(상대)되는 뜻을 가진 한자는? (　　)

①南　②土　③外　④日

한자어를 바르게 읽은 것을 고르시오.

27. 手足 (　　) ①수형 ②수족 ③삼형 ④삼족

28. 上下 (　　) ①상중 ②토하 ③상하 ④토구

29. 江山 (　　) ①강산 ②공산 ③강상 ④공상

30. 大東 (　　) ①소제 ②대형 ③목동 ④대동

31. 目下 (　　) ①월화 ②목화 ③월하 ④목하

32. 入口 (　　) ①입구 ②입문 ③인구 ④인문

33. 四日 (　　) ①사월 ②사일 ③서월 ④서일

34. 千百 (　　) ①천일 ②십일 ③천백 ④십만

한자어의 뜻으로 알맞은 것을 고르시오.

35. 青年 (　　)

①자기보다 나이가 많음.　　②젊은 사람.

③해마다.　　④푸른 산.

36. 月出 (　　)

①달과 해.　②해가 돋음.

③해가 비추는 아래.　④달이 떠오름.

낱말을 한자로 바르게 쓴 것을 고르시오.

37. 수상: 물의 위. 또는 물길. (　　)

①小下　②水下　③上下　④水上

38. 외인: 한집안 식구 밖의 사람. (　　)

①外入　②外人　③出入　④外出

39. 남녀: 남자와 여자. (　　)

①男女　②女子　③男男　④子女

40. 백토: 빛깔이 희고 부드러우며 고운 흙. (　　)

①白七　②日七　③白土　④日土

밑줄 친 한자어를 바르게 읽은 것을 고르시오.

41. 집을 짓는 <u>木手</u>의 손길이 바쁘다. (　　)

①소수　②수수　③목수　④목삼

42. 해가 지기 전에 서둘러 下山했다. ( )

①산하 ②하산 ③연하 ④연산

43. 나비가 左右의 날개를 활짝 폈다. ( )

①좌우 ②우좌 ③좌석 ④우석

44. 父母님과 함께 사진을 찍었다. ( )

①우목 ②유모 ③부목 ④부모

밑줄 친 부분을 한자로 바르게 쓴 것을 고르시오.

> 보기
> 우리나라의 45)연중 평균 기온은 일월이 가장 춥고, 46)팔월이 가장 더운 것으로 조사됐다.

45. 연중 ( )

①一年 ②年中 ③水中 ④中年

46. 팔월 ( )

①人日 ②人月 ③八日 ④八月

물음에 알맞은 답을 고르시오.

47. '入金'과 반대(상대)되는 뜻을 가진 한자어로 바른 것은? ( )

①大金 ②出入 ③出金 ④入出

48.'우리나라에서, 남자는 남쪽 지방 사람이 잘나고 여자는 북쪽 지방 사람이 고움'을 뜻하는"南□北女"의 □안에 들어갈 한자로 알맞은 것은? ( )

①男 ②四 ③目 ④母

49.'名山大川'의 뜻으로 알맞은 것은? ( )

①태어난 해와 달과 날.

②서너 사람이 떼를 지어 다님.

③산과 강의 이름이 같음.

④이름난 산과 큰 내.

50. 兄弟간을 대하는 태도로 바르지 못한 것은? ( )

①아우는 兄에게 공손하게 대한다.

②兄弟간에 항상 사이좋게 지낸다.

③兄이나 누나에게 대들며 함부로 행동한다.

④兄은 동생에게 양보하는 마음을 갖는다.

5 6급 예상문제

한자의 뜻과 음으로 바른 것을 고르시오.

1. 女 (　　) ①여자 녀 ②동녘 동 ③아버지부 ④아래 하
2. 入 (　　) ①여덟 팔 ②사람 인 ③들 입 ④큰 대
3. 己 (　　) ①불 화 ②몸 기 ③날 출 ④강 강
4. 母 (　　) ①어머니모 ②해 일 ③한 일 ④아홉 구
5. 羊 (　　) ①왼 좌 ②작을 소 ③오른 우 ④양 양
6. 西 (　　) ①두 이 ②서녘 서 ③발 족 ④해 일
7. 石 (　　) ①돌 석 ②오른 우 ③손 수 ④발 족
8. 白 (　　) ①입 구 ②날 일 ③흰 백 ④달 월
9. 山 (　　) ①메 산 ②위 상 ③석 삼 ④두 이
10. 心 (　　) ①마음 심 ②여자 녀 ③큰 대 ④맏 형

뜻과 음에 알맞은 한자를 고르시오.

11. 한 일 (　　) ①八 ②人 ③十 ④一
12. 눈 목 (　　) ①日 ②青 ③目 ④男
13. 말 마 (　　) ①口 ②馬 ③九 ④金
14. 다섯 오 (　　) ①五 ②三 ③左 ④門
15. 나무 목 (　　) ①出 ②六 ③木 ④江

16. 북녘 북 (　　) ①十 ②外 ③子 ④北

17. 맏 형 (　　) ①兄 ②男 ③女 ④四

18. 큰 대 (　　) ①人 ②大 ③出 ④山

19. 내 천 (　　) ①足 ②七 ③川 ④土

20. 성 김 (　　) ①金 ②男 ③門 ④右

물음에 알맞은 답을 고르시오.

21. '물이 끊임없이 흘러내리는 모양'을 나타내는 한자는? (　　)

①十 ②火 ③小 ④水

보기 22)父母님의 생신은 23)十月에 있다.

22. 위의 밑줄 친 '父母'의 뜻으로 바른 것은? (　　)

①아버지와 아들. ②아버지와 딸.

③어머니와 딸. ④아버지와 어머니.

23. 위의 밑줄 친 '十月'을 바르게 읽은 것은? (　　)

①시월 ②십월 ③시일 ④십일

24. 밑줄 친 부분에 해당하는 한자가 잘못 쓰인 것은? (　　)

①나는 가게에서 빵을 두 개 샀다.: 二

②온 가족이 산을 찾아 즐거운 한 때를 보냈다.: 江

③바구니에 사과가 아홉 개 있다.: 九

④오래 서 있었더니 발이 아프다.: 足

25. 한자의 총획이 바르지 못한 것은? (　　)

①女-총3획　②手-총4획

③外-총6획　④金-총8획

26.'上'과 반대(상대)되는 뜻을 가진 한자는? (　　)

①一　②九　③大　④下

한자어를 바르게 읽은 것을 고르시오.

27. 白人 (　　) ①백중 ②일백 ③사백 ④백인

28. 南西 (　　) ①남서 ②동서 ③서남 ④서북

29. 六七 (　　) ①룩칠 ②육팔 ③육칠 ④칠육

30. 金土 (　　) ①김토 ②금토 ③토금 ④토인

31. 八月 (　　) ①팔월 ②삼월 ③사월 ④오월

32. 山中 (　　) ①주중 ②중대 ③산중 ④상중

33. 出門 (　　) ①출입 ②출구 ③입구 ④출문

34. 火口 (　　) ①화산 ②화수 ③화구 ④화력

한자어의 뜻으로 알맞은 것을 고르시오.

35. 心地 (　　)

①마음의 본바탕.　②사물의 한가운데.

③사람의 생활에 이용하는 땅.　④사람의 마음.

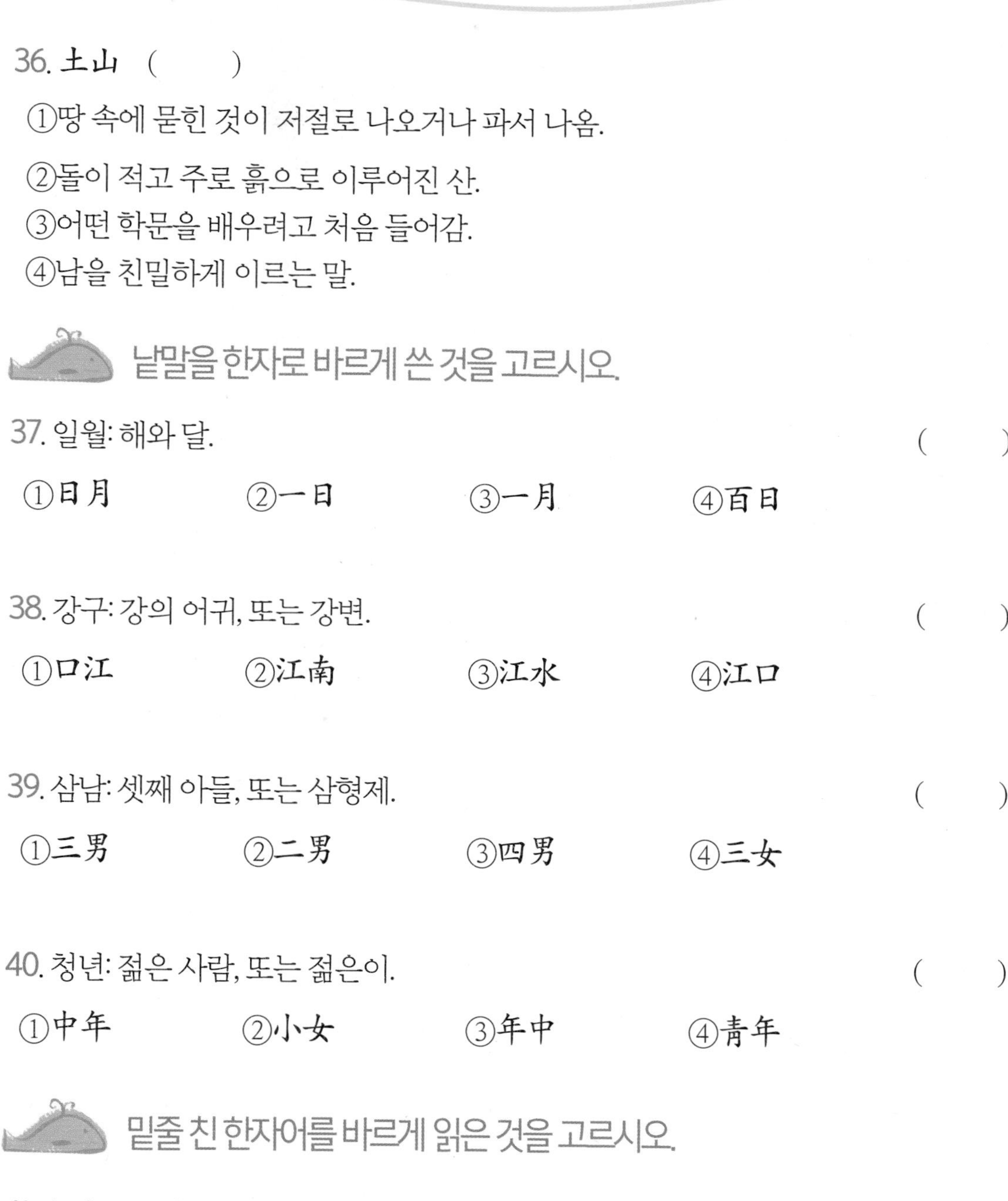

36. 土山 (　　)

①땅 속에 묻힌 것이 저절로 나오거나 파서 나옴.
②돌이 적고 주로 흙으로 이루어진 산.
③어떤 학문을 배우려고 처음 들어감.
④남을 친밀하게 이르는 말.

낱말을 한자로 바르게 쓴 것을 고르시오.

37. 일월: 해와 달. (　　)

①日月　②一日　③一月　④百日

38. 강구: 강의 어귀, 또는 강변. (　　)

①口江　②江南　③江水　④江口

39. 삼남: 셋째 아들, 또는 삼형제. (　　)

①三男　②二男　③四男　④三女

40. 청년: 젊은 사람, 또는 젊은이. (　　)

①中年　②小女　③年中　④青年

밑줄 친 한자어를 바르게 읽은 것을 고르시오.

41. 우리들은 여러 개의 과일을 놔두고 <u>大小</u>를 살펴보았다. (　　)

①대인　②소인　③대소　④소대

42. 우리나라의 지형은 南北으로 길게 되어 있다. ( )

①남서 ②남북 ③북서 ④북남

43. 삼촌은 중학교 국어 先生님이다. ( )

①선생 ②선왕 ③성생 ④성명

44. 손을 上下로 크게 돌리며 원을 그렸다. ( )

①상수 ②하수 ③하상 ④상하

밑줄 친 부분을 한자로 바르게 쓴 것을 고르시오.

보기 45)형제는 46)수족과 같은 존재여서 서로 사랑하고 아껴주어야 한다.

45. 형제 ( )

①弟兄 ②父兄 ③父母 ④兄弟

46. 수족 ( )

①手足 ②手下 ③足下 ④右足

물음에 알맞은 답을 고르시오.

47. 서울에서는'흥인문'이라고도 하며,'동쪽에 있는 큰 대문'의 이름으로 바른 것은?

( )

①南大門 ②西大門 ③東大門 ④北大門

48.'右手'와 반대(상대)되는 뜻을 가진 한자어로 바른 것은? ( )

①左手 ②左足 ③右足 ④左右

49.'三三五五'의 뜻으로 바른 것은? ( )

①동쪽, 서쪽, 남쪽, 북쪽을 가리킴.

②거의 예외 없이 그러할 것이라는 추측을 나타냄.

③서너 또는 대여섯 사람이 여기 저기 무리지어 다님.

④여덟, 아홉, 열 개가 있음.

50. 父母님을 대하는 태도가 바르지 못한 것은? ( )

①父母님께서 부르시면 빨리 대답한다.

②자기가 할 일은 父母님의 힘을 빌리지 않는다.

③갖고 싶은 물건을 사달라고 父母님께 떼를 쓴다.

④父母님께서 주신 음식을 감사하는 마음으로 먹는다.

⑥ 6급 예상문제

한자의 뜻과 음으로 바른 것을 고르시오.

1. 二 (　　) ①아들 자 ②일곱 칠 ③두 이 ④위 상
2. 東 (　　) ①남녘 남 ②푸를 청 ③동녘 동 ④나무 목
3. 兄 (　　) ①맏 형 ②발 족 ③입 구 ④해 년
4. 耳 (　　) ①귀 이 ②눈 목 ③바깥 외 ④달 월
5. 名 (　　) ①바깥 외 ②이름 명 ③다섯 오 ④흰 백
6. 先 (　　) ①소 우 ②구슬 옥 ③손 수 ④먼저 선
7. 千 (　　) ①일천 천 ②열 십 ③하늘 천 ④내 천
8. 下 (　　) ①아래 하 ②작을 소 ③여섯 륙 ④아홉 구
9. 八 (　　) ①사람 인 ②불 화 ③들 입 ④여덟 팔
10. 左 (　　) ①강 강 ②왼 좌 ③오른 우 ④흙 토

뜻과 음에 알맞은 한자를 고르시오.

11. 메 산 (　　) ①木 ②山 ③十 ④上
12. 넉 사 (　　) ①四 ②門 ③母 ④足
13. 땅 지 (　　) ①土 ②右 ③地 ④左
14. 사내 남 (　　) ①男 ②弟 ③青 ④南
15. 물 수 (　　) ①小 ②川 ③水 ④入

16. 날　　일(　　)　①目　②白　③月　④日

17. 아우　제(　　)　①大　②子　③父　④弟

18. 개　　견(　　)　①九　②五　③犬　④一

19. 안　　내(　　)　①内　②西　③中　④百

20. 석　　삼(　　)　①出　②三　③火　④手

물음에 알맞은 답을 고르시오.

21.'사물의 한가운데를 꿰뚫는 모양으로 가운데'를 뜻하는 한자는?　(　　)

①大　②一　③十　④中

보기

22)나무를 심는 23)四月五日은 식목일이다.

22. 위의 밑줄 친'나무'의 뜻을 지닌 한자로 바르게 쓰인 것은?　(　　)

①口　②木　③九　④土

23. 위의 밑줄 친'四月五日'을 바르게 읽은 것은?　(　　)

①삼월오월　②오월오일　③유월삼일　④사월오일

24. 밑줄 친 부분에 해당하는 한자가 잘못 쓰인 것은?　(　　)

①가방을 든 오른손이 조금 아팠다.: 右

②밭에 가서 호박 여섯 개를 땄다.: 十

③팔월이 되니 푸르른 산이 더욱 푸르다.: 青

④입안에 음식이 있을 때는 말하지 않는다.: 口

25. 한자의 총획이 바르지 못한 것은? (　　)

①七-총2획　②西-총6획

③目-총5획　④己-총4획

26. '玉'과 반대(상대)되는 뜻을 가진 한자는? (　　)

①金　②石　③外　④五

한자어를 바르게 읽은 것을 고르시오.

27. 北魚 (　　)　①북남　②북어　③남북　④대어

28. 天心 (　　)　①본심　②양심　③대심　④천심

29. 百姓 (　　)　①일생　②일정　③백성　④백생

30. 白羊 (　　)　①일우　②월양　③백우　④백양

31. 生水 (　　)　①왕수　②생소　③정수　④생수

32. 江南 (　　)　①청백　②정백　③강남　④정일

33. 右足 (　　)　①우족　②우형　③좌족　④좌형

34. 大門 (　　)　①대문　②소문　③대소　④대인

한자어의 뜻으로 알맞은 것을 고르시오.

35. 人火 (　　)

①일정한 지역에 사는 사람의 수.　②사람의 과실에 의한 화재.

③사람의 발.　④코와 윗입술 사이에 오목하게 골이 진 곳.

36. 外出 (　　)

①바깥쪽의 문. ②달이 나옴.

③한 가족 또는 한 집안이외의 사람. ④볼일을 보러 밖에 나감.

낱말을 한자로 바르게 쓴 것을 고르시오.

37. 산림: 산과 숲. (　　)

①山林 ②山水 ③林地 ④木林

38. 우마: 소와 말. (　　)

①羊馬 ②牛羊 ③牛馬 ④大馬

39. 문중: 성과 본이 같은 가까운 집안. (　　)

①門下 ②大門 ③門中 ④小門

40. 소인: 나이가 어린 사람. (　　)

①大人 ②大小 ③小人 ④人人

밑줄 친 한자어를 바르게 읽은 것을 고르시오.

41. 이모는 年年생의 형제를 두고 있다. (　　)

①년년 ②연연 ③년연 ④연년

42. 아이들이 青白으로 나뉘어 경기를 했다. ( )

①청백 ②백청 ③정백 ④백정

43. 동생은 올해 삼월 九日에 태어났다. ( )

①연일 ②구일 ③구월 ④연월

44. 左右를 살펴 길을 건너야 한다. ( )

①상하 ②좌우 ③내외 ④우좌

밑줄 친 부분을 한자로 바르게 쓴 것을 고르시오.

보기 | 건물 45)입구에 많은 46)여자들이 모여 있었다.

45. 입구 ( )

①出口 ②大入 ③入口 ④人口

46. 여자 ( )

①子女 ②男子 ③男女 ④女子

물음에 알맞은 답을 고르시오.

47. '木手'와 비슷한 뜻을 가진 한자어로 바른 것은? ( )

①大木 ②木金 ③木水 ④火木

48. 다음에서 '가족'이 아닌 것은? (　　)

①大　②弟　③父　④母

49. '十中八九'의 성어가 문장에서 가장 바르게 쓰인 것은? (　　)

①그것은 十中八九 분명한 사실이다.

②우리 반 총원은 十中八九명이다.

③축구경기가 十中八九로 승부가 결정되었다.

④친구들이 모두 모여 十中八九를 하였다.

50. 出入할 때의 태도로 바르지 못한 것은? (　　)

①인기척을 내어 상대방에게 出入을 알린다.

②出入할 때에는 문턱을 밟지 않는다.

③門을 열고 닫을 때에는 소리가 크게 나도록 한다.

④出入할 때에는 門을 조용히 열고 닫는다.

7 6급 예상문제

한자의 뜻과 음으로 바른 것을 고르시오.

1. 生 (　　) ①날 출 ②구슬 옥 ③날 생 ④양 양
2. 北 (　　) ①여섯 륙 ②동녘 동 ③북녘 북 ④일곱 칠
3. 三 (　　) ①석 삼 ②내 천 ③두 이 ④아래 하
4. 牛 (　　) ①아들 자 ②왼 좌 ③소 우 ④해 년
5. 人 (　　) ①여덟 팔 ②사람 인 ③들 입 ④큰 대
6. 一 (　　) ①한 일 ②하늘 천 ③흙 토 ④위 상
7. 中 (　　) ①발 족 ②가운데중 ③넉 사 ④메 산
8. 五 (　　) ①여자 녀 ②다섯 오 ③나무 목 ④아홉 구
9. 月 (　　) ①어머니모 ②눈 목 ③날 일 ④달 월
10. 口 (　　) ①오른 우 ②귀 이 ③돌 석 ④입 구

뜻과 음에 알맞은 한자를 고르시오.

11. 여섯 륙 (　　) ①玉 ②六 ③木 ④二
12. 아버지부 (　　) ①天 ②左 ③先 ④父
13. 몸 기 (　　) ①己 ②出 ③川 ④山
14. 성씨 성 (　　) ①姓 ②男 ③東 ④南
15. 일곱 칠 (　　) ①上 ②下 ③七 ④手

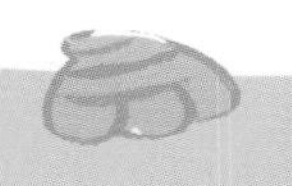

16. 아들 자 (　　) ①女 ②子 ③兄 ④弟
17. 흙 토 (　　) ①土 ②水 ③羊 ④九
18. 마음 심 (　　) ①八 ②火 ③右 ④心
19. 열 십 (　　) ①千 ②小 ③十 ④大
20. 강 강 (　　) ①外 ②青 ③江 ④地

물음에 알맞은 답을 고르시오.

21. '나무의 가지와 뿌리를 갖추고 서 있는 모양'을 본떠 만든 한자는? (　　)

①木 ②上 ③土 ④十

보기 "내 동생의 생일은 22)十月 23)六日이다."

22. 위의 밑줄 친 '十月'을 바르게 읽은 것은? (　　)

①시월 ②십월 ③시일 ④십일

23. 위의 밑줄 친 '六日'에서 '六'의 뜻과 음으로 바른 것은? (　　)

①여섯류 ②여섯육 ③여섯눅 ④여섯유

24. 밑줄 친 부분에 해당하는 한자가 잘못 쓰인 것은? (　　)

①식탁에 먹음직스런 사과가 열 개가 있다.: 千

②동생은 나보다 두 살 아래이다.: 下

③불을 사용할 때는 늘 조심해야 한다.: 火

④우리 파랑 반은 아홉 명으로 되어있다.: 九

25. 한자의 총획이 바르지 <u>못한</u> 것은? (   )

①內-총4획　②右-총5획

③耳-총5획　④八-총2획

26. '山'과 반대(상대)되는 뜻을 가진 한자는? (   )

①八　②江　③下　④三

한자어를 바르게 읽은 것을 고르시오.

27. 犬羊 (   )　①태양　②견우　③대양　④견양

28. 二男 (   )　①이인　②남자　③남녀　④이남

29. 五目 (   )　①오목　②육일　③오일　④주목

30. 林地 (   )　①임야　②임지　③목토　④목야

31. 先天 (   )　①선대　②선천　③양대　④양천

32. 入山 (   )　①인산　②일산　③입산　④팔산

33. 白玉 (   )　①백왕　②일왕　③백옥　④일옥

34. 東西 (   )　①동서　②북사　③동사　④일동

한자어의 뜻으로 알맞은 것을 고르시오.

35. 百年 (   )

①밝게 빛나는 해.　②백 번째 되는 날.

③오랜 세월.　④한 해.

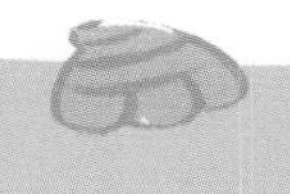

36. 石手 (　　)

①오른손. ②뛰어난 솜씨를 가진 사람.

③남보다 뛰어난 수나 솜씨. ④돌을 다루어 물건을 만드는 사람.

낱말을 한자로 바르게 쓴 것을 고르시오.

37. 부형: 아버지와 형. (　　)

①父兄 ②父子 ③父女 ④父母

38. 북상: 북쪽을 향하여 올라감. (　　)

①北上 ②南下 ③上北 ④上下

39. 명마: 매우 우수한 말. (　　)

①姓名 ②木馬 ③名馬 ④白馬

40. 대소: 크고 작음. (　　)

①大中 ②大小 ③小大 ④小中

밑줄 친 한자어를 바르게 읽은 것을 고르시오.

41. 선생님의 弟子들이 다 모였다. (　　)

①제자 ②주자 ③저자 ④장자

42. 댐의 水門을 열어 물을 흘려보냈다. ( )

①수문 ②소문 ③수중 ④소중

43. 온 가족이 함께 外出하였다. ( )

①외입 ②외출 ③출입 ④산출

44. 물속에는 川魚들이 노닐고 있었다. ( )

①북어 ②출어 ③대어 ④천어

밑줄 친 부분을 한자로 바르게 쓴 것을 고르시오.

보기 | 45)남북으로 길게 뻗어있는 우리나라의 46)산수는 아름답기로 유명하다.

45. 남북 ( )

①北西 ②南東 ③南北 ④南西

46. 산수 ( )

①山下 ②山中 ③月山 ④山水

물음에 알맞은 답을 고르시오.

47. '入金'과 반대(상대)되는 뜻을 가진 한자어로 바른 것은? ( )

①出入 ②出土 ③入出 ④出金

48. '二·三·四'의 세 숫자를 모두 더한 값으로 알맞은 한자는? (　　)

①八　②九　③六　④五

49.'兄弟手足'의 뜻으로 바른 것은? (　　)

①兄 만한 아우 없다.

②兄弟라도 언젠가는 헤어질 때가 있다.

③兄弟는 사이가 좋아야 한다.

④兄弟는 손과 발 같아서 떼어버릴 수 없는 관계이다.

50. 父母님을 대하는 태도로 바르지 못한 것은? (　　)

①父母님께서 부르시면 얼른 대답한다.

②父母님과 대화의 시간을 자주 갖는다.

③父母님의 말씀에 꼬박꼬박 말대답을 한다.

④父母님께서 말씀하시면 공손한 자세로 듣는다.

8 6급 예상문제

한자의 뜻과 음으로 바른 것을 고르시오.

1. 魚 (　　) ①말 마 ②사내 남 ③물고기어 ④동녘 동
2. 六 (　　) ①여섯 륙 ②일곱 칠 ③아버지부 ④아우 제
3. 先 (　　) ①소 우 ②양 양 ③성씨 성 ④먼저 선
4. 天 (　　) ①큰 대 ②하늘 천 ③개 견 ④아들 자
5. 金 (　　) ①소 금 ②쇠 김 ③쇠 금 ④성 금
6. 石 (　　) ①오른 우 ②바깥 외 ③돌 석 ④이름 명
7. 火 (　　) ①불 화 ②작을 소 ③물 수 ④사람 인
8. 母 (　　) ①귀 이 ②눈 목 ③어머니모 ④넉 사
9. 白 (　　) ①달 월 ②흰 백 ③서녘 서 ④입 구
10. 足 (　　) ①왼 좌 ②가운데중 ③맏 형 ④발 족

뜻과 음에 알맞은 한자를 고르시오.

11. 일천 천 (　　) ①十 ②千 ③七 ④年
12. 수풀 림 (　　) ①木 ②北 ③林 ④牛
13. 날 생 (　　) ①玉 ②生 ③父 ④女
14. 일백 백 (　　) ①母 ②目 ③百 ④右
15. 푸를 청 (　　) ①青 ②月 ③羊 ④南

16. 들 입 ( ) ①小 ②心 ③八 ④入

17. 날 일 ( ) ①日 ②四 ③西 ④門

18. 개 견 ( ) ①大 ②人 ③犬 ④山

19. 손 수 ( ) ①三 ②出 ③川 ④手

20. 위 상 ( ) ①五 ②土 ③下 ④上

물음에 알맞은 답을 고르시오.

21. '나무 막대 두 개가 놓여 있는 모양으로, 둘 또는 짝'의 뜻을 나타내는 한자는? ( )

①三 ②口 ③小 ④二

보기 22)外出해서 길을 건널 때는 23)左右를 잘 살펴야 한다.

22. 위의 밑줄 친 '外出'을 바르게 읽은 것은? ( )

①외출 ②내외 ③출입 ④입문

23. 위의 밑줄 친 '左右'의 뜻으로 바른 것은? ( )

①위와 아래. ②왼쪽과 오른쪽.

③강과 산. ④안과 밖.

24. 밑줄 친 부분에 해당하는 한자가 잘못 쓰인 것은? ( )

①우리는 서쪽으로 향했다. : 西

②우리 집은 아들이 셋이다. : 子

③눈이 나빠 안경을 쓴다. : 耳

④내 친구는 키가 크다. : 大

25. 한자의 총획이 바르지 못한 것은? ( )

①小-총3획 ②姓-총8획

③己-총4획 ④名-총6획

26. '土'와 비슷한 뜻을 가진 한자는? ( )

①川 ②地 ③江 ④水

한자어를 바르게 읽은 것을 고르시오.

27. 子弟 ( ) ①제자 ②형제 ③부자 ④자제

28. 五目 ( ) ①옥일 ②옥목 ③오월 ④오목

29. 西山 ( ) ①서산 ②남산 ③북산 ④동산

30. 木馬 ( ) ①목어 ②목마 ③수마 ④수어

31. 中東 ( ) ①중동 ②중국 ③구동 ④구목

32. 内心 ( ) ①인심 ②내외 ③내심 ④나인

33. 天下 ( ) ①천하 ②대하 ③천상 ④대상

34. 南北 ( ) ①남녘 ②남북 ③대북 ④남하

한자어의 뜻으로 알맞은 것을 고르시오.

35. 白玉 ( )

①밝게 빛나는 해. ②빛깔이 하얀 옥.

③옥돌. ④백 번째 되는 날.

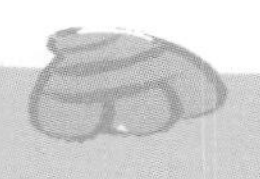

36. 牛足 (　　)

①소의 뿔. ②소의 오른쪽.

③소의 발. ④오른쪽 발.

낱말을 한자로 바르게 쓴 것을 고르시오.

37. 산양: 염소. (　　)

①山水 ②牛羊 ③山羊 ④山牛

38. 내외: 안과 밖. (　　)

①內子 ②內外 ③外人 ④外出

39. 수구: 물이 흘러나오는 곳. (　　)

①水口 ②水門 ③門下 ④火水

40. 일인: 일본 사람. (　　)

①日大 ②一人 ③日小 ④日人

밑줄 친 한자어를 바르게 읽은 것을 고르시오.

41. 시험이 <u>七日</u> 앞으로 다가왔다. (　　)

①칠월 ②칠일 ③시월 ④십일

42. 우리 父子는 휴일마다 함께 축구를 한다. ( )

①부모 ②부부 ③부자 ④남녀

43. 백화점 入口는 사람들로 북적거렸다. ( )

①입구 ②인구 ③팔구 ④중구

44. 단풍이 곱게 물든 가을의 山水는 너무나도 아름다웠다. ( )

①산하 ②수하 ③수산 ④산수

밑줄 친 부분을 한자로 바르게 쓴 것을 고르시오.

보기 | 45)외출하려고 운동화를 신고 46)대문을 열었다.

45. 외출 ( )

①外人 ②出入 ③外出 ④入出

46. 대문 ( )

①大中 ②小門 ③大小 ④大門

물음에 알맞은 답을 고르시오.

47.'男子'와 반대(상대)되는 뜻을 가진 한자어로 바른 것은? ( )

①父女 ②女子 ③父子 ④男女

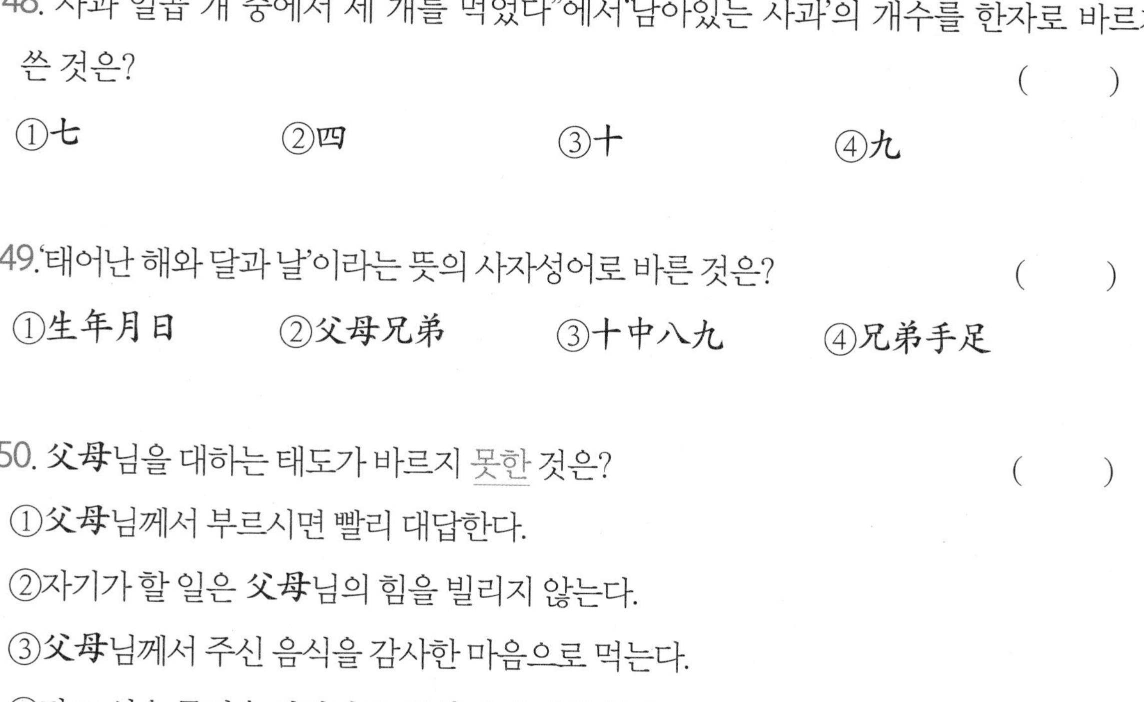

48. "사과 일곱 개 중에서 세 개를 먹었다"에서 '남아있는 사과'의 개수를 한자로 바르게 쓴 것은? ( )

①七 ②四 ③十 ④九

49. '태어난 해와 달과 날'이라는 뜻의 사자성어로 바른 것은? ( )

①生年月日 ②父母兄弟 ③十中八九 ④兄弟手足

50. 父母님을 대하는 태도가 바르지 못한 것은? ( )

①父母님께서 부르시면 빨리 대답한다.

②자기가 할 일은 父母님의 힘을 빌리지 않는다.

③父母님께서 주신 음식을 감사한 마음으로 먹는다.

④갖고 싶은 물건을 사달라고 父母님께 떼를 쓴다.

9 6급 예상문제

한자의 뜻과 음으로 바른 것을 고르시오.

1. 大 (　　) ①큰 대 ②한 일 ③들 입 ④개 견
2. 左 (　　) ①오른 우 ②위 상 ③돌 석 ④왼 좌
3. 年 (　　) ①열 십 ②소 우 ③해 년 ④먼저 선
4. 下 (　　) ①일곱 칠 ②불 화 ③여섯 륙 ④아래 하
5. 己 (　　) ①사람 인 ②몸 기 ③날 일 ④맏 형
6. 水 (　　) ①작을 소 ②산 수 ③물 수 ④나무 목
7. 江 (　　) ①가운데중 ②메 산 ③강 강 ④푸를 청
8. 玉 (　　) ①구슬 옥 ②다섯 오 ③날 생 ④손 수
9. 耳 (　　) ①달 월 ②어머니모 ③눈 목 ④귀 이
10. 川 (　　) ①석 삼 ②내 천 ③수풀 림 ④아홉 구

뜻과 음에 알맞은 한자를 고르시오.

11. 눈 목 (　　) ①目 ②百 ③日 ④白
12. 북녘 북 (　　) ①六 ②二 ③山 ④北
13. 흙 토 (　　) ①一 ②十 ③土 ④三
14. 안 내 (　　) ①四 ②西 ③內 ④南
15. 아버지부 (　　) ①犬 ②子 ③五 ④父

16. 문　문(　　)　①千　②門　③先　④江
17. 이름　명(　　)　①名　②姓　③母　④中
18. 양　양(　　)　①牛　②羊　③生　④手
19. 날　출(　　)　①小　②出　③七　④地
20. 맏　형(　　)　①兄　②右　③足　④口

물음에 알맞은 답을 고르시오.

21. '두 개의 문짝이 달려있는 모양'을 본떠 만든 한자는?　(　　)

①門　②出　③目　④内

보기　22)父母님께서는 우리 23)형제들을 자랑스럽게 생각한다.

22. 위의 밑줄 친'父母'의 뜻으로 바른 것은?　(　　)

①언니와 여동생.　②형과 아우.

③할아버지와 할머니.　④아버지와 어머니.

23. 위의 밑줄 친'형제'를 한자로 바르게 쓴 것은?　(　　)

①大兄　②兄弟　③弟子　④弟兄

24. 밑줄 친 부분에 해당하는 한자가 잘못 쓰인 것은?　(　　)

①입 속에 사탕을 집어넣었다. : 口

②봄이 되자 꽃과 나무에 생기가 돌았다. : 木

③소리 내지 않고 책을 눈으로 읽었다. : 日

④어머니의 발을 주물러 드렸다. : 足

25. 한자의 총획이 바르지 못한 것은? (　　)

①門-총8획　②山-총3획
③母-총5획　④出-총6획

26.'江'과 비슷한 뜻을 가진 한자는? (　　)

①白　②金　③川　④石

한자어를 바르게 읽은 것을 고르시오.

27. 林木 (　　)　①임수　②임목　③목수　④목화
28. 手下 (　　)　①수상　②족상　③수하　④족하
29. 白石 (　　)　①백우　②일석　③백석　④일우
30. 青山 (　　)　①정수　②정산　③청춘　④청산
31. 出門 (　　)　①출문　②줄문　③출하　④출입
32. 二百 (　　)　①이일　②이월　③이박　④이백
33. 犬馬 (　　)　①견마　②대마　③대어　④견양
34. 先金 (　　)　①선수　②선금　③양지　④우금

한자어의 뜻으로 알맞은 것을 고르시오.

35. 母子 (　　)

①아버지와 딸.　②어머니와 아들.
③아버지와 아들.　④어머니와 딸.

36. 江南 (　　)

①강의 아래 지역.　②강의 북쪽 지역.

③강의 위쪽 지역.　④강의 남쪽 지역.

낱말을 한자로 바르게 쓴 것을 고르시오.

37. 천지: 하늘과 땅. (　　)

①天子　②大下　③天地　④天下

38. 생일: 태어난 날. (　　)

①姓日　②生日　③生月　④生年

39. 출구: 나가는 곳. (　　)

①出入　②出土　③出門　④出口

40. 토산: 대부분 흙으로만 이루어진 산. (　　)

①山上　②山下　③土山　④土人

밑줄 친 한자어를 바르게 읽은 것을 고르시오.

41. 안데르센의 『<u>人魚</u>공주』를 읽었다. (　　)

①은어　②인구　③인어　④민어

42. 百姓은 나라의 근본이다. (　　)

①일생　②백성　③일정　④백정

43. 이번 일은 나에게 一大의 사건이다. (　　)

①일년　②일월　③일대　④대소

44. 그의 직책은 名目뿐인 이사였다. (　　)

①명목　②외모　③명월　④석목

밑줄 친 부분을 한자로 바르게 쓴 것을 고르시오.

보기 | 우리 집은 45)대문이 46)동서로 출입할 수 있는 편리한 구조로 되어 있다.

45. 대문 (　　)

①大門　②大人　③小門　④大小

46. 동서 (　　)

①南北　②西東　③北南　④東西

물음에 알맞은 답을 고르시오.

47. '年上'과 반대(상대)되는 뜻을 가진 한자어로 바른 것은? (　　)

①一年　②年年　③年中　④年下

48.'二□'의 □안에 들어갈 한자로 가장 바르지 않은 것은? (　　)

①月　②十　③人　④出

49. 사자성어의 뜻으로 바르지 않은 것은? (　　)

①三三五五: 서너 또는 대여섯 사람씩 무리지어 다님.

②十中八九: 팔이나 구보다는 십이 가장 큰 수임.

③南男北女: 남쪽지방은 남자가 북쪽지방은 여자가 잘난 사람이 많음.

④兄弟手足: 형제는 수족과 같아서 떼어버릴 수 없는 관계임.

50. 바른 습관으로 볼 수 없는 것은? (　　)

①집에 돌아오면 손과 발을 깨끗이 씻는다.

②길을 건널 때는 左右를 살펴보면서 건넌다.

③出入할 때는 부모님께 알리지 않는다.

④음식을 먹을 때에는 어른들께서 드시는 것을 본 후 먹는다.

10 6급 예상문제

한자의 뜻과 음으로 바른 것을 고르시오.

1. 月 (　　) ①날 일 ②달 월 ③눈 목 ④어머니모
2. 外 (　　) ①돌 석 ②이름 명 ③바깥 외 ④푸를 청
3. 南 (　　) ①사내 남 ②안 내 ③말 마 ④남녘 남
4. 姓 (　　) ①날 생 ②성씨 성 ③날 출 ④북녘 북
5. 馬 (　　) ①손 수 ②양 양 ③물고기어 ④말 마
6. 四 (　　) ①넉 사 ②서녘 서 ③입 구 ④일백 백
7. 女 (　　) ①아들 자 ②큰 대 ③여자 녀 ④한 일
8. 山 (　　) ①물 수 ②석 삼 ③메 산 ④열 십
9. 地 (　　) ①땅 지 ②먼저 선 ③아홉 구 ④흙 토
10. 右 (　　) ①발 족 ②몸 기 ③맏 형 ④오른 우

뜻과 음에 알맞은 한자를 고르시오.

11. 마음 심 (　　) ①二 ②心 ③天 ④石
12. 아우 제 (　　) ①弟 ②先 ③兄 ④生
13. 가운데중 (　　) ①日 ②白 ③足 ④中
14. 다섯 오 (　　) ①九 ②五 ③七 ④上
15. 나무 목 (　　) ①木 ②水 ③出 ④下

16. 아들 자 (　　) ①千 ②父 ③子 ④土
17. 작을 소 (　　) ①火 ②小 ③人 ④六
18. 입 구 (　　) ①口 ②内 ③母 ④門
19. 소 우 (　　) ①手 ②犬 ③牛 ④大
20. 동녘 동 (　　) ①魚 ②青 ③羊 ④東

물음에 알맞은 답을 고르시오.

21. '물고기의 모양'을 본뜬 한자는? (　　)

①馬 ②魚 ③南 ④北

보기	22)小生이 서둘러 23)北門으로 나가서 맞이하겠습니다.

22. 위의 밑줄 친 '小生'을 바르게 읽은 것은? (　　)

①소생 ②수생 ③소왕 ④수성

23. 위의 밑줄 친 '北門'의 뜻으로 바른 것은? (　　)

①달아나는 길. ②남쪽으로 낸 문.

③문을 등지다. ④북쪽으로 낸 문.

24. 밑줄 친 부분에 해당하는 한자가 잘못 쓰인 것은? (　　)

①튼튼한 몸을 위해 운동을 한다. : 己

②무성하게 우거진 수풀을 보라. : 林

③그는 아들 셋과 딸 둘을 두었다. : 川

④서쪽에서 해가 뜰 일이다. : 西

25. 한자의 총획이 바르지 못한 것은? ( )

①羊-총7획 ②玉-총5획

③金-총8획 ④九-총2획

26. '月'과 반대(상대)되는 뜻을 가진 한자는? ( )

①外 ②日 ③出 ④十

한자어를 바르게 읽은 것을 고르시오.

27. 名犬 ( ) ①명견 ②명대 ③우견 ④우대

28. 火口 ( ) ①구화 ②화수 ③화목 ④화구

29. 千百 ( ) ①천일 ②천백 ③십일 ④칠백

30. 右足 ( ) ①좌족 ②족좌 ③족우 ④우족

31. 出土 ( ) ①산토 ②산상 ③출토 ④출하

32. 青年 ( ) ①소년 ②청년 ③정년 ④중대

33. 白羊 ( ) ①백양 ②백우 ③일양 ④일우

34. 弟子 ( ) ①자제 ②부자 ③제자 ④모자

한자어의 뜻으로 알맞은 것을 고르시오.

35. 先山 ( )

①앞쪽에 위치한 산. ②가르치는 사람.

③조상의 무덤이 있는 곳. ④산을 넘어감.

36. 上手 (　　)

①낮고 못함.　②남보다 나은 솜씨나 수.

③위와 아래.　④높은 지위.

낱말을 한자로 바르게 쓴 것을 고르시오.

37. 생수: 샘구멍에서 솟아 나오는 맑은 물. (　　)

①生水　②生手　③木生　④人生

38. 목인: 나무로 만든 사람 모양의 허수아비. (　　)

①大小　②大人　③大木　④木人

39. 백마: 털빛이 하얀 말. (　　)

①青馬　②白馬　③百馬　④白魚

40. 입문: 배우는 길에 처음 들어섬. (　　)

①人門　②入門　③中門　④小門

밑줄 친 한자어를 바르게 읽은 것을 고르시오.

41. 전국에서 제일간다는 石手들을 뽑았다. (　　)

①좌수　②우수　③석공　④석수

42. 바람이 東南쪽에서 불어오고 있다. ( )

①남동 ②남서 ③동남 ④동북

43. 남 앞에서 자기의 아내를 內子라 한다. ( )

①인자 ②사자 ③내자 ④사내

44. 사람들의 耳目이 집중되었다. ( )

①이일 ②이목 ③귀목 ④이월

밑줄 친 부분을 한자로 바르게 쓴 것을 고르시오.

보기 | 45)이월 달에 보자는 말에 나는 고개를 46)상하로 끄덕였다.

45. 이월 ( )

①二月 ②四月 ③七月 ④九月

46. 상하 ( )

①下中 ②上下 ③下上 ④上中

물음에 알맞은 답을 고르시오.

47.'小人'과 반대(상대)되는 뜻을 가진 한자어로 바른 것은? ( )

①大小 ②人小 ③大人 ④小大

48.“점수의 범위를 上□下 세 등급으로 나눴다”에서 □안에 들어갈 한자로 바른 것은?

( )

①七 ②口 ③十 ④中

49. “하늘이 맑게 갠 대낮, 혹은 맑은 하늘에 뜬 해”라는 뜻의 사자성어로 바른 것은?

( )

①生年月日 ②青天白日 ③十中八九 ④兄弟手足

50. 평소의 행동으로 바르지 못한 것은? ( )

①장난삼아 다른 사람의 大門을 발로 차고 다닌다.

②횡단보도를 건널 때에는 左右를 살피고 건넌다.

③外出할 때에는 부모님께 말씀을 드린다.

④兄이나 누나와 사이좋게 지낸다.

1 1.③ 2.① 3.① 4.② 5.① 6.④ 7.一二三四五六七八九

2 1.② 2.③ 3.① 4.③ 5.② 6.① 7.① 8.④

3 1.④ 2.① 3.② 4.④ 5.③ 6.② 7.④ 8.①

4 1.③ 2.① 3.④ 4.③ 5.④ 6.③ 7.③ 8.①

5 1.④ 2.② 3.① 4.③ 5.② 6.③ 7.천지 8.산림

6 1.① 2.④ 3.② 4.① 5.③ 6.② 7.기심 8.성명

1

1.④ 2.② 3.② 4.④ 5.③ 6.② 7.① 8.③ 9.② 10.①
11.② 12.③ 13.④ 14.③ 15.① 16.④ 17.② 18.③
19.④ 20.① 21.② 22.③ 23.④ 24.④ 25.① 26.③
27.③ 28.① 29.④ 30.④ 31.② 32.③ 33.④ 34.①
35.② 36.① 37.① 38.④ 39.② 40.④ 41.④ 42.①
43.① 44.③ 45.① 46.③ 47.② 48.④ 49.③ 50.④

2

1.③ 2.② 3.④ 4.④ 5.① 6.③ 7.② 8.① 9.③ 10.②
11.③ 12.② 13.① 14.③ 15.④ 16.③ 17.① 18.④
19.② 20.① 21.④ 22.② 23.③ 24.③ 25.④ 26.①
27.③ 28.② 29.④ 30.③ 31.① 32.② 33.③ 34.②
35.③ 36.② 37.② 38.④ 39.③ 40.① 41.① 42.②
43.③ 44.④ 45.③ 46.④ 47.② 48.④ 49.② 50.③

3

1.④ 2.④ 3.② 4.③ 5.② 6.③ 7.① 8.① 9.④ 10.①
11.③ 12.④ 13.① 14.② 15.③ 16.④ 17.② 18.①
19.③ 20.② 21.② 22.③ 23.② 24.③ 25.① 26.④
27.④ 28.① 29.② 30.① 31.③ 32.② 33.③ 34.④
35.① 36.③ 37.② 38.① 39.③ 40.④ 41.③ 42.①
43.② 44.④ 45.① 46.③ 47.④ 48.③ 49.② 50.②

4

1.④ 2.① 3.③ 4.② 5.① 6.③ 7.④ 8.② 9.③ 10.④
11.② 12.③ 13.③ 14.① 15.② 16.④ 17.① 18.③
19.② 20.④ 21.② 22.① 23.④ 24.② 25.③ 26.③
27.② 28.③ 29.① 30.④ 31.④ 32.① 33.② 34.③
35.② 36.④ 37.④ 38.② 39.① 40.③ 41.③ 42.②
43.① 44.④ 45.② 46.④ 47.③ 48.① 49.④ 50.③

5

1.① 2.③ 3.② 4.① 5.④ 6.② 7.① 8.③ 9.① 10.①
11.④ 12.③ 13.② 14.① 15.③ 16.④ 17.① 18.②
19.③ 20.① 21.④ 22.④ 23.① 24.② 25.③ 26.④
27.④ 28.① 29.③ 30.② 31.① 32.③ 33.④ 34.③
35.① 36.② 37.① 38.④ 39.① 40.④ 41.③ 42.②
43.① 44.④ 45.④ 46.① 47.③ 48.① 49.③ 50.③

6

1.③ 2.③ 3.① 4.① 5.② 6.④ 7.① 8.① 9.④ 10.②
11.② 12.① 13.③ 14.① 15.③ 16.④ 17.④ 18.③
19.① 20.② 21.④ 22.② 23.④ 24.② 25.④ 26.②
27.② 28.④ 29.③ 30.④ 31.④ 32.③ 33.① 34.①
35.② 36.④ 37.① 38.③ 39.③ 40.③ 41.④ 42.①
43.② 44.② 45.③ 46.④ 47.① 48.① 49.① 50.③

7

1.③ 2.③ 3.① 4.③ 5.② 6.① 7.② 8.② 9.④ 10.④
11.② 12.④ 13.① 14.① 15.③ 16.② 17.① 18.④
19.③ 20.③ 21.① 22.① 23.② 24.① 25.③ 26.②
27.④ 28.④ 29.① 30.② 31.② 32.③ 33.③ 34.①
35.③ 36.④ 37.① 38.① 39.③ 40.② 41.① 42.①
43.② 44.④ 45.③ 46.④ 47.④ 48.② 49.④ 50.③

8

1.③ 2.① 3.④ 4.② 5.③ 6.③ 7.① 8.③ 9.② 10.④
11.② 12.③ 13.② 14.③ 15.① 16.④ 17.① 18.③
19.④ 20.④ 21.④ 22.① 23.② 24.③ 25.③ 26.②
27.④ 28.④ 29.① 30.② 31.① 32.③ 33.① 34.②
35.② 36.③ 37.③ 38.② 39.① 40.④ 41.② 42.③
43.① 44.④ 45.③ 46.④ 47.② 48.② 49.① 50.④

9

1.① 2.④ 3.③ 4.④ 5.② 6.③ 7.③ 8.① 9.④ 10.②
11.① 12.④ 13.③ 14.③ 15.④ 16.② 17.① 18.②
19.② 20.① 21.① 22.④ 23.② 24.③ 25.④ 26.③
27.② 28.③ 29.③ 30.④ 31.① 32.④ 33.① 34.②
35.② 36.④ 37.③ 38.② 39.④ 40.③ 41.③ 42.②
43.③ 44.① 45.① 46.④ 47.④ 48.④ 49.② 50.③

10

1.② 2.③ 3.④ 4.② 5.④ 6.① 7.③ 8.③ 9.① 10.④
11.② 12.① 13.④ 14.② 15.① 16.③ 17.② 18.①
19.③ 20.④ 21.② 22.① 23.④ 24.③ 25.① 26.②
27.① 28.④ 29.② 30.④ 31.③ 32.② 33.① 34.③
35.③ 36.② 37.① 38.④ 39.② 40.② 41.④ 42.③
43.③ 44.② 45.① 46.② 47.③ 48.④ 49.② 50.①